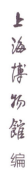

上海博物馆 编

文明对比手册

目录

文明的星河

001　上下埃及行旅记——早期埃及统一国家的文化动力 / **颜海英**

015　古代埃及与中国之间的海上交通 / **林梅村**

028　从希腊到罗马——古典和传统的构建 / **陈恒**

053　神圣与世俗——在古代和中世纪的星空下 / **朱孝远**

文明的异色

067　瑞兽主宰的文明兴衰——二里头龙形器与阿兹特克双头蛇 / **杜甦**

077　景德镇瓷器与 iPhone / **陆天又**

085　蓝与白 / **吕维敏**

094　人间异色——沃伦杯和《霸王别姬》中的情与欲 / **鲍文炜**

文明的记忆

103　"T 形帛画"与"亡灵书" / **陆天又**

111　风景的观看记忆——《溪山行旅图》与《尤利西斯的凝视》 / **杜甦**

119　失序的隐喻与象征——《清明上河图》和《尘世乐园》 / **顾婧**

131　《寒食帖》与伊斯兰书法 / **陆天又**

139　书踪画影——《凯尔经》与雕版《西厢记》 / **徐绯璇**

文明的膏腴

149　王的雕塑——权力驱使下的古埃及、古罗马与古中国雕塑比较 / **鲍文炜**

158　书写的力量——史墙盘与罗塞塔石碑 / **韩少华**

166　圣徒的献祭——圣艾格尼斯杯与敦煌壁画中的鹿王本生故事 / **韩少华**

174　壁画·空间·人神之界 / **吕维敏**

187　比较文明的目的、伦理和方法 / **陈曾路**

文明的星河

上下埃及行旅记
——早期埃及统一国家的文化动力

颜海英

　　由于文献资料的缺乏，古埃及早期国家的起源、早期王权的形成等问题，长期笼罩在重重迷雾之中。近几十年的考古发现提供了大量珍贵的证据，但这些反映史前遗址情况的考古资料与文献资料包括神话传说之间的关系，有待进一步的解读。本文试图对三种基本资料——考古、史料、神话进行不同的处理，建构起三者之间的关系，从而在理解古埃及人宇宙观的前提下，对古埃及早期国家的起源有更深入的认识。

关于埃及国家起源的理论探讨及其陷阱

酋邦理论与埃及国家起源

　　以塞尔维斯和弗里德为代表的酋邦说在国家探源的讨论中有深远的影响。该理论试图将国家与政府的出现与文明的起源结合起来。1962 年，塞尔维斯提出了原始群、部落、酋邦和国家的四阶段社会进化模式。认为"酋邦"是部分平等主义的社会和国家之间的过渡形态。1975 年，塞尔维斯进一步对酋邦进行了分析，认为"它是一个非武力的，由神权向政府和法制统治机制过渡的贵族社会，而探讨这一阶段政府和法制的形成是探索国家起源原因的关键"。[1]

　　埃及国家的形成是塞尔维斯运用酋邦理论的重要例子。他认为在国家形成时期，埃及的地方组织——诺姆并非以城市为中心，而是有神庙和神祇的宗教中心。"在某些方面，刚刚完成统一的埃及实际上就像是在苏美尔神庙酋邦之上附加上分散的小州。甚至可以说，作为一个政府，法老的神庙只不过是一个精致的酋邦，因为地方的特殊原因，能够控制一个对于酋邦来说规模巨大的疆域"。[2]

他甚至认为古王国时期的埃及还是一个神权国家，"直到第 4 王朝之前，神权政治没有明确的权力划分，那时宰相兼有某种大法官和首相的职能"。[3]

显然，他把诺姆解释成宗教中心是非常错误的。从考古和文献证据看，在中王国之前，埃及的地方神庙不论是规模，还是经济实力都很小，根本不是当时社会的"中心"。

塞尔维斯认为古埃及人的来世观念决定了在全国范围内组织人力、物力资源进行大规模墓葬建筑，导致庞大的管理机构和工匠"行会"的出现。但奇怪的是，他却认为这个时期的埃及还没有出现马克思主义者所说的阶级。实际上，早在前王朝时期，萨卡拉、阿拜多斯和其他地方的大墓已经表明社会等级和私人财富的存在。

尽管他对古埃及社会的解释有很多自相矛盾之处，但却准确地指出了埃及在国家形成时期的两个主要特征：一是没有作为国家机器的常备军；二是与美索不达米亚和希腊的早期城市相比，埃及的地方城市缺少自治性和独立性。

总而言之，与考古学的理论模式相比，以政治学、社会学和人类学的理论研究埃及国家起源所面临的最大问题是，作为埃及学专业之外的学者，他们在创建这些理论时所依据的资料有很大的问题，一是不能准确、全面地掌握考古资料，二是他们所使用的文献多是早年作为通俗读物出版的、有许多错误的二手资料。在这样的基础之上建立的理论再回到国家起源的研究中来，因为加上了其他学科的理论模式做包装，使得埃及学家对它们不加怀疑地使用，得出更进一步的错误结论，由此形成了一种恶性循环。

"一般性理论"与埃及国家起源

瓦尔伯顿（D.Warburton）提出了一种新的理论模式，即"一般性理论"。该理论的出发点是：国家的定义应该能够包括所有的国家，不管是"早期的"还是"工业化时期的"。[4]

他认为解决这个问题最简单的方法，是把"国家"视为一个演变中的概念，君权和其他权力的分配随着时间的推移而不同。他认为，国家的定义必须涵盖所有的国家，而不是把某些视为"酋邦"，某些视为"工业化的国家"，因为所谓"不合格"的国家也具备"合格"国家的某些特征。因此，他对国家下的定义是：位于特定地理位置、居民有自己的社会结构的政治实体。[5]

瓦尔伯顿认为，任何一个国家的定义都必须能够解释每一种特别的国家。该理论认为，所有的政治实体或者制度都是战争、习俗和技术这三个因素共同作用的结果。这三个因素在国家演进的过程中所占的比例决定了早期国家的各种类型。不管文明程度、经济发展水平或者地理位置是怎样的，这些因素的相互作用一直在历史上起着决定性作用，因此是理解国家发展的关键性因素。不论是古代国家，还是现代国家，都可以在这个理论模式中找到解释。[6]

在这三个要素中，军事征服发生在国家出现之前，因此，国家的出现是受控于军事环境的，而不是相反。习俗是在征服之前本地的法律、宗教、传统、社会等级和其他人类生活的共同特征，它们决定了军事征服后的社会文化水平。技术发展的水平在某种程度上受习俗的影响，但是技术水平决定着一个国家的基本特征。

这个理论使得对于国家演进的分析可以更为普遍，这样不需要把国家分为预先构想的范畴，如早期的、现代的、工业化的、奴隶制的、封建制的、资本主义的或者社会主义的。古代世界的国家以不同的方向演进，现代世界的国家也非常不同，尽管都被称作现代国家。因此，每个国家在特定历史时期的因素都能在这个理论模式的图表上表现出来，这样每个国家的类型都可以以具体的形式显示出来，而不是用"一刀切"的方式来套。该模式分析的结果是：不同类型的国家可以在世界各地同时存在，而相似的国家也可以在不同地区和不同时期存在。

这个理论对推动国家产生的根本原因提出了新的见解，它特别强调战争、习俗和技术三个因素的共同作用，强调不同因素结合的多样性决定了国家的本质。其中技术对于国家的运转和社会结构起着决定性的作用。该理论对人们普遍接受的一些观点提出了大胆质疑。人们常常认为军队是在国家出现之后产生的，或者说军队是国家为维护其统治阶层的利益而创建的，瓦尔伯顿却认为，军队早于国家。此外，他认为财富只有在早期国家形成之后才真正开始集中，之前已经存在的社会等级制度可能对国家发展的方向有所影响，但更可能的是随着国家的产生而出现了一个新的等级制度。

马克思主义认为，国家是阶级压迫的工具，根据这个观点可以引申出两个结论：一、最主要的矛盾是国家内部的社会矛盾，而不是在两个政治实体之间发生的矛盾；二、贫富分化是社会矛盾的主要原因。

"对基本资源获取的不平等情况下，不平等的社会群体之间的关系被预言为一种冲突，表现为社会内部某种程度上的持续的敌意和对抗"。[7]

"一般性理论"对此进行了反驳，认为持这种观点的人没有考虑到国家有特定的地理疆域，有同种族的居民，也没有认识到社会内部的对抗常常不如国家和种族之间的竞争和冲突激烈。此外，虽然掌握财富的社会上层可以使用暴力表达优越感，通过强制手段得到更多的财富，但这并不意味着国家常常需要动用暴力，特别是在统治者的权威得到公众普遍认可的情况下。在古埃及历史上，从来没有爆发过大规模的起义。

"一般性理论"认为，把国家起源视为财富分配不平等或者是阶级斗争的结果都是不合适的，因为这两个现象早在国家形成的百万年之前就出现了。

国家起源于战争或贸易的理论也受到了同样的批驳，因为它们也是以经济学的逻辑为基础，认为土地和资源的短缺是扩张或融合最重要的动机。征服可能是一个催化剂，但不一定是决定性因素，在国家出现之前和之后皆如此。

这些关于早期国家起源的理论有着共同的特点，即以经济基础为考察的出发点，围绕人口压力、农业发展、城市化、贸易网络等核心问题，强调内部或者外部的冲突与矛盾，而忽略了思想史层面考察的关键作用。早期社会中宗教信仰对社会分层产生的作用远远超出了现代学者的估计。社会精英以整体性的宇宙论为基础创造出高度综合的意识形态，以文字、艺术、建筑等多种形式传递到社会的各个层面，成为重新调整社会经济关系的主要工具，财富的集中是实践宗教信仰的系列纪念性活动的结果，技术和商业的发展也是这个过程的结果。

上下埃及与国家起源

古埃及人称自己的国家为"两片土地"，尼罗河全长6648多公里，在埃及境内有1200多公里，流域面积334.9平方公里，河宽平均800～1000米，河深10～12米。流经开罗附近时分为五条支流，[8]呈放射状流入地中海。古埃及人称这个扇形的三角洲为"下埃及"，它直线长有200公里，最宽处达250公里，今日三角洲占埃及可耕地的2/3。开罗以南的河谷地带直线长为700公里，地形狭窄，宽度从10公里到20公里不等，古埃及人称之为"上埃及"。

上下埃及的概念根深蒂固，成为古埃及地理特征的典型象征，甚至希伯莱语中的埃及一词也是个双数的形式。探讨古埃及国家的起源，必然要追问上下埃及二元组合的起源和意义。

早期的学者们认为埃及曾经有南北两个王国，后来南方征服了北方，完成了统一，因此国王被称为上下埃及之王，而王权的象征也有了如此突出的南边二元对称的特征。也有学者认为上下埃及的二元组合是南北两种不同文化对立的反映：北方与亚洲有交流，是典型的农业生活形态；南方受努比亚地区的非洲文化影响，以游牧生活为主。这两种观点都被近几十年的考古发现否定了。在埃及的政治统一之前，同质文化已经形成，而这个文化的中心是南方的涅伽达（Naqada）。

在埃及从酋邦到国家的演变过程中，北方相对是滞后的，最早的国家产生于南方。

前王朝时期（公元前3750～前3325年），在上下埃及分别出现了两个区域性文化群，二者之间没有延续性。分布在下埃及（北部）的遗址主要有梅里姆达（Merimda，在三角洲西部）、法雍A（在法雍地区）、马阿迪（Maadi，在开罗南部）、布托（Buto，在三角洲西北部）。其特点是各文化之间没有连续性，较分散。其中马阿迪遗址中有冶铜遗迹的发现；法雍地区的居民还在食物采集阶段；布托是与西亚交流的重要基地，也是延续到最晚的一个遗址。

上埃及的文化群中，各遗址既在时间上有延续性，又呈现出区域扩展的特点，更多地为我们提供早期文明起源的信息。[9]最早出现的是塔萨（Tasian）和巴达里（Badarian）

文化，它们的分布局限于阿什特以南，主要发现是一些规模较小的墓地；涅伽达 I 期（也叫阿姆拉特，公元前 3750 ~ 前 3350 年）的典型遗址是一个小小的村落，从现有发现中还看不出其居民已有贫富分化，但同属这个考古分期的发现分布范围很广，并且与涅伽达 II 期有承继关系。

涅伽达 II 期（公元前 3550 ~ 前 3325 年）是前王朝时期的重要转折点。首先，这是最早与其他地区发生联系的文化，也是分布区域最广的一个，从三角洲地区到盖博尔·艾尔·西西拉（Gebel-el-sisila）以北的河谷地带都有同期遗址发现，其中一些人口集中的遗址如赫拉康波里斯（Hieraconpolis）、科普多斯（Coptos）、涅伽达和阿拜多斯（Abydos）等已呈现出社会分化的迹象。这个时期的艺术主题和工具都反映出美索不达米亚的影响。如艺术作品中出现的"牛顶城墙"、"双狮图"、"长颈怪兽图"，以及建筑中的凹纹城墙，日常生活中使用的圆柱印章等，都是典型的西亚风格。西亚楔形文字的传播，在某种程度上可能也刺激了古埃及文字的发明。此外，两个地区的农作物和驯养动物也非常相似。那么，当时的文化传播是如何发生的呢？学者们猜测其促动力是西亚的和平移民或者暴力入侵，但至今没有发现确凿的证据。考虑到进入王朝时期后这种交流的突然中断，也许应提出另一种假设，即在这两个地区的中间地段，当时也许活跃着某个游牧民族，它受到西亚文化的影响，并起着传播的媒介作用。游牧民族的居无定所，也许能解释为什么没有发现有交流的中介因素的遗迹。其次，涅伽达 II 期也是埃及与努比亚早期文化同步发展、具备相似特征的最后阶段，是二者分流的最早阶段。随着埃及国家的形成、疆域的确定，与努比亚地区在文化上的差别逐渐形成。

在前王朝后期（即涅伽达 III 期，公元前 3325 ~ 前 3085 年），王权出现，区域性文化逐渐趋向统一。这个时期王权的主要标志是王名和王陵的出现。在上埃及、孟菲斯（Memphis）附近和三角洲发现了大量带有王名的纪念物，主要有调色板和权标头两种类型。最著名的是发现于赫拉康波里斯的那尔迈（Narmer）调色板和蝎王权标头，前者表现的是国王那尔迈征服上埃及、俘获大量战俘的场面；后者表现的是蝎王的远征和主持开渠仪式（或者是神庙奠基仪式）。在这类纪念物上，王名写在象征王宫围墙的王名圈里，国王的庇护神荷鲁斯立在上面；国王通常戴象征上下埃及的两种王冠（白冠象征上埃及，红冠象征下埃及）。

王陵规模的逐渐增大、同期考古遗址分布范围的扩大，反映出前王朝后期文化由区域性向统一性的发展。王陵早在涅伽达 I 期时即已出现，到 II 期时在赫拉康波里斯、涅伽达和阿巴第亚出现的较大规模的王陵反映出区域性统一的特征；而涅伽达 III 期时分布在阿拜多斯、涅伽达和赫拉康波里斯的王陵，规模和形制已与早王朝的王陵基本一致。从考古遗址分布上看，涅伽达 II 期时，涅伽达文化传播到三角洲地区南部；到涅伽达 III 期时，在整个三角洲地区和河谷地区都有涅伽达文化出现。

与南部尼罗河谷相比，三角洲地区的农业条件和贸易环境都有绝对的优势，对比三角洲的遗址 Merillda 和 Maadi 与南部埃及的赫拉康波里斯和巴达里，前者居住集中、面积大、地层深，居住时间长，而后者较分散，地层浅，因此结构保存较差。也就是说，南部埃及的聚落从人口密度和农业潜力上都比三角洲地区差，尽管这些遗址很贫瘠，没有发展农业的潜力，但它们却发展成南部埃及最富有的地区，曾拥有最多的人口。最大、最复杂、社会分层最早出现的聚落都分布在南方。最有力的证据是 Brunton 在赫拉康波里斯的发掘，他发现了至少 6 个烧制陶器的窑，它们证明了"前王朝时期大的中心如赫拉康波里斯社会内部的复杂性和制造业、建筑业的成熟"。

史前史的研究者倾向于把考古发现与族群形成联系起来，考古资料中器物的特征被看作是族群身份的体现。巴达里或者涅伽达文化陶器、石器及其他器物风格上的不同，也表明这些文化的创造者是不同的族群。对这些学者来说，风格的混杂意味着不同文化之间的贸易关系，而一种风格取代另一种风格则意味着征服。正如加拿大考古学家布鲁斯·特里格所说的：

> 几乎考古记录里所有的文化变革，都被归因于观念从一个群体向另一个群体的传播，或是移民所导致的某一群体及其文化被另一群体取代……皮特里的著作是后一种模式的例证，在探讨埃及史前时期的发展时，皮特里用大规模移民以及少数移民与当地人在文化和人种方面的混合所带来的变化来解释所有文化变革。他认为任何文化上的重大变化都必然伴随着人种的改变。

基于这种认识，涅伽达文化的扩展过程等同于征服的过程——先在南部完成统一，随后征服三角洲地区。在从酋邦到国家过渡的过程中，南部出现了许多政治中心如涅伽达、赫拉康波里斯、阿拜多斯等，而北方大部分地区还滞后在聚落阶段。争霸和统一最先在南方进行，最后阶段是对北方三角洲的收编。

上述推理的最大问题就在于无法回答这个问题：在国家起源的过程中，发展条件良好的三角洲地区为何滞后？为何最早的政治中心出现在南方？

墓葬文化与国家起源

考古资料不能直接反映人类的历史，留存下来的古代遗存多数是人们精神生活的产物，没有对古代思想的深入考察和分析，考古学家的工作只能是盲人摸象。

从旧石器时代开始，人们就畏惧死亡。相信来世的存在，或多或少能摆脱这种恐惧。因此，当时的人们在埋葬死者时精心准备，把许多日常生活用品摆放在死者身旁，随后还举行葬礼。在埃及的前王朝时期，人们很可能就已经有了人在死后仍会存在的观念。在此后的三千年中，这种观念一直在埃及文化中占据主导地位。埃及人把尼罗河西岸当作埋葬之地，那里是每天太阳落下的地方，死者的灵魂也应在那里安息。

在古埃及人的心目中，墓地不仅是永久存放尸体和各种贡品的场所，也是死者的纪念地，在那儿亡灵能定期得到献祭，倾听生者的祈祷声。各地墓地邻近居住区，是人们生活中的重要部分，一个人或其宗族的地位如何，在公众眼中一望便知，不仅是通过其陵墓的规格，且通过安葬后祭拜的次数、规模，以及有多少哀悼者，每次举办的仪式的规格。这样墓地不仅仅是人们献祭、为亡灵祈祷的场所，也是定期举行宗教仪式之处。生前显贵的死者的墓葬和祭祀仪式甚至可与当地地方神的崇拜仪式结合起来，而且大人物陵墓的周围分布着其亲族、仆从等的较简单的坟墓，其等级秩序一如生前。

古埃及人把更多的时间精力花费在他们的"永久居所"——陵墓的修建上。为实现无限延长生命的愿望，他们选择了本土富产而且最为经久耐用的建材——石头，像把死者尸体加工成木乃伊一样，希望肉体的延续与居所的永久坚固结合起来，共筑一个永恒的来世。

对古代埃及人来说，死后的墓葬规格也是生前社会地位的反映，而王陵则是王权强大与否的某种标志。

只有充分认识到来世信仰对于古埃及人的重要性，才能理解上下埃及发展的不同步，以及二者的地理差异带来的深层影响。

在狭长的河谷地带，靠近河谷的低地沙漠和绝壁保存了大量的墓地和随葬品，纪念性的大型墓区多数分布在那里。相反，在北部的三角洲地区，则没有发现大规模的墓区，大部分古代遗址在现代建筑下面，或者因为尼罗河支流改道而无法确定位置。埃及学的文献研究和考古研究因此更加侧重沙漠在社会发展过程中所起到的作用。文献多聚焦南方，而不是社会、文化和经济各方面都可能更为重要的北方。这个倾向性在各个历史时期的研究中都体现出来。

但这种倾向也不仅是现代人对古代环境的错误解读。在古代，沙漠和墓区也深受人们重视。自公元前 5000 年以来，用于墓葬的支出在南部埃及一直占据首位，特别是低地沙漠和绝壁地带的墓区，狭长河谷两侧的沙漠有着建造纪念性建筑的巨大潜力，这是开阔的三角洲平原所没有的。对大型建筑而言，低地沙漠有充分的空间，大片的基岩，稳定的地基，大量的石料，金字塔一类的巨型建筑只能在这里建成，在每年泛滥的河谷地带则很难想象。新王国时期，大型神庙建筑集中在南部埃及的底比斯等地，但纪念性建筑再也没有达到金字塔建筑群的规模。

纪念性墓葬建筑展示的传统传承于河谷地带的南部埃及，这为后来的发展奠定了模式。即使现存文献中关于墓葬的内容占据首要地位，而判断墓葬支出的情况可能还是取决于保存的环境，这种突出特点与古代物质环境相关联。这并非是说古埃及人沉迷于死后世界，将现世看作短暂的过渡期，或者是说他们直接把尼罗河两侧的沙漠当作死后世界。贵族偏爱以墓葬建筑作为展示社会地位的方式，特别是孟菲斯和南部埃及的地方贵族，是因为墓葬区更适合作为城市和神庙区。如果临近的沙漠地区不是那么容易进入，或者河谷与三角洲没有那么大的反差，墓葬建筑也许不会有那么显要的地位。

统一之前，南部埃及最重要的三个遗址是涅伽达、赫拉康波里斯、阿拜多斯。它们的发展过程充分说明了墓葬文化在国家起源阶段的关键作用。当代涅伽达是当地最大的一个村落，它的古代遗址在现代村落北边 7 公里处，在图赫（Tukh）和巴拉斯（el-Ballas）之间。从其规模来看，涅伽达是史前后期非常重要的城镇，它在古埃及语中叫 Nubt，来自 nub，即"黄金"一词，很有可能是因为从这里通过哈马玛特（Hammamat）干谷就可到达东部沙漠的黄金矿区，才有这个名字，这也是该城在当时有如此重要地位的原因。从经济角度看，控制该地区东部沙漠的黄金资源和各种矿产是涅伽达崛起的关键因素。

在涅伽达 II 期，涅伽达文化开始迅速向北部三角洲和南部扩散，但并没有发现军事征服的痕迹，与同质文化形成同步发生的是墓葬建筑和仪式的复杂化。比如在涅伽达 T5号墓发现被砍头的遗骸，在阿迪玛发现割喉又砍头的遗骸，证明人殉现象的存在。

涅伽达 II 期，南部墓葬图像中船的形象成为最突出的特点。此时各遗址出土大量象牙、乌木、黄金、动物皮革、香料等，尼罗河上的船队成为当时贸易网络最重要的交通工具。在叙利亚、巴勒斯坦地区也发现了埃及与当地贸易的大量证据，涅伽达 II 期与近东地区的青铜早期（EBA）对应，在叙利亚、巴勒斯坦发现了大量埃及工匠用埃及的技术但是当地的材料制作的陶器。以色列考古学家认为埃及人不仅在当地有商站，而且已经控制了当时近东地区的远程贸易网络。

涅伽达 II 期另一个突出的特点是工艺品的标准化、精致化。作为纪念物的调色板形式逐渐趋同，以长方形和长菱形为主，调色板上开始出现浮雕。权标头也由圆盘形状演变为梨形，这些都是后世艺术典范的原型。

涅伽达 III 期时，涅伽达衰落下去，该遗址的墓葬随葬品较 II 期时规模缩减，在原来墓地的南部六公里处，全新风格的"王宫"样式的新墓地出现。与此同时，南边的赫拉康波里斯和阿拜多斯后来居上，标志早期王权出现的三个代表性艺术品都发现于赫拉康波里斯：纳尔迈调色板、纳尔迈权标头、蝎王权标头。赫拉康波里斯的 100 号墓是埃及尚存的第一个有墓室壁画的墓，画面出现了与纳尔迈调色板上相似的打击场景——形象高大的国王用权杖打击外族人。纳尔迈权标头所表现的并不是战争场景，而是与王权相关的领土仪式，其中南北疆界、王座平台、国王奔跑、荷鲁斯的追随者等元素与第 3 王朝乔塞尔梯形金字塔的塞德节浮雕极其相似。蝎王权标头表现的是头戴上埃及白色王冠的蝎子王站在水渠旁，手持锄头，一个仆人正在递上一个篮子，整个画面展现的是国王在主持开渠仪式。

在阿拜多斯，德国考古队在 U-j 墓发现了 0 王朝的王陵，其中蝎子王的墓中出土了迄今最早的古埃及文字，刻写在 180 多个象牙和牛骨制作的标签上，标明随葬品的产地、数量及其出产年份。该墓还出土了数百个葡萄酒罐，里面的葡萄酒是从巴勒斯坦地区进口的。

阿拜多斯的主神是墓地之神肯塔门提乌（Khentamentiu），他的名字直译为"西方众人之首"，即"死者之王"，到第5、6王朝时，肯塔门提乌开始与起源于下埃及的繁殖之神奥赛里斯结合，渐渐地奥赛里斯成为人们普遍崇拜的冥世之神。到中王国时期，阿拜多斯成为民间信仰的主要中心，这里每年举行模仿奥赛里斯的死亡和复活的仪式，叫作"奥赛里斯的神秘"，这是当时最盛大的宗教节日之一，吸引了全国各地的信徒前来参加。许多人希望在死后也能参与这个盛典，能跟随奥赛里斯完成复活，所以他们在阿拜多斯修建了泥砖的衣冠冢，并且在衣冠冢与奥赛里斯神庙之间的地带立起了石碑。这个衣冠冢墓区是当地最大的墓地。

阿拜多斯的重要性一直延续到王朝时期，即使都城在孟菲斯，第1王朝的所有国王和第2王朝的两个国王依旧选择阿拜多斯为王陵所在地。这些墓的地上建筑都不存在了，地下是泥砖砌的墓坑。这里发现了刻有国王名字的石碑，圆柱印章，象牙和乌木的标签，石器和家具的碎片等。国王杰尔（Djer）的墓被后来的埃及人当作奥赛里斯的墓，周围有许多18王朝及其后各时期的献呈陶罐。

作为古埃及王权理论的核心神话——奥赛里斯的传说，也反映了古埃及王权在诞生之初即有着浓厚的宗教色彩。奥赛里斯是古代一个贤明的君主，被嫉妒他的弟弟塞特（Seth）谋杀，尸体被分为碎块，抛入河中。他的妻子伊西斯（Isis）找回尸体碎片，并感动神明使之复活，成为阴间之主。他的儿子荷鲁斯（Horus）又为他复仇，从塞特手中夺回王位，成为新的君主。对古埃及人来说，每个活着的国王都是荷鲁斯，他死去的前任是奥赛里斯，他死后也成为奥赛里斯，而新的国王又是新的荷鲁斯。王位继承就处在这样的循环中。国王去世是秩序的中断和破坏，而新君即位则是秩序的恢复。在神王的庇佑之下，生命可以穿越死亡的门槛，在天人合一的宇宙论时代，古埃及人将王权的合法性与相信来世的宗教信仰糅合在一起。这也是古埃及几千年文明最强大的稳定剂。

上下埃及与象征地理学

古埃及的国王自称"上下埃及之王"，这个称号也反映了河谷与三角洲在地理上的差别。古埃及国王的五种头衔中，有三种是反映上下埃及对称的：

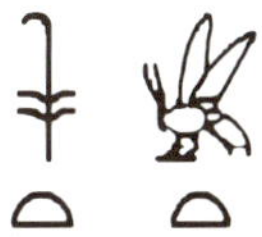

图1　树蜂衔

树蜂衔（代表上埃及的树，代表下埃及的蜜蜂）（图1）
双夫人衔（代表上埃及的秃鹫女神，代表下埃及的眼镜蛇女神）（图2）
上下埃及之王（白冠象征上埃及，红冠象征下埃及）

图2　双夫人衔

"二元对称"是古埃及人思维方式和表达体系的核心特征。

图 3　赛索斯特里斯王座
侧面浮雕

体现古埃及王权理念核心的奥赛里斯神话，也是古埃及人"二元对称"思维模式的典型表达。在古埃及的传统中，荷鲁斯与塞特也分别代表上下埃及，但其象征意义却不能简单等同于地域上的"二元"，其内涵远远超越了地理象征。而这种内涵有着很多佐证。如 11 王朝国王赛索斯特里斯的王座侧面浮雕（图 3），就是荷鲁斯与塞特神话的很好注脚。在画面上，荷鲁斯与塞特面对面站立，荷鲁斯手挽象征下埃及（北方）的纸草，塞特手挽象征上埃及（南方）的芦苇，两种植物绕在表示"统一"的符号上，两位神在合力拉紧。

如何理解荷鲁斯与塞特神话和早期国家起源之间的关系？神话暗示着真实的历史进程吗？早期的学者倾向于"对号入座"，认为第 1 王朝之前，埃及有南北两个王国，后来北方征服了南方，完成了统一，因此国王被称为上下埃及之王，而王权的象征也有了如此突出的南边二元对称的特征。

但是，发现于南部埃及赫拉康波里斯的纳尔迈调色板（图 4），却讲述了一个完全相反的故事。

图 4　纳尔迈调色板　埃及国家博物馆藏

调色板两面的正上方，两个母牛头之间的"王名框"里，都写着纳尔迈的名字。在调色板的正面，纳尔迈头戴象征下埃及的红冠，和六个人走在一排，其中两个随行者只有他一半高。国王右边的那个一手拿着凉鞋，一手拿着小器皿，脖子上挂着胸饰；他后面有一个长方形的框，里面有象形文字；他前方还有玫瑰图饰和一个读作 hm 的符号，它有几种含义，其中之一是"仆人"。国王左边的官员形象稍微高大些，带着假发，穿着豹皮衣服，脖子上好像挂着书写工具。他头顶上的象形文字为 tt，是"宰相"一词较早的写法。走在国王和这两个随员前面的，是比例更小的四个举旗人，四个旗杆顶上分别是两个鹰，一个豺狼（可能是 Wepwawet 神），以及一个奇怪的球状物，有的学者认为是 sdsd 或者王室胎盘。这就是被称为"荷鲁斯的追随者"的组合。国王一行的前方，是 10 个斩首的尸体，被砍掉的头放在死者的两腿之间。尸体的上方有 3 个图像：一个门，一个首尾都很高的船，一个举着鱼叉的鹰。

在调色板的反面，纳尔迈的形象更加高大，他戴着象征上埃及的白冠，左手抓住落腮胡子的俘虏的头发，右手高高举起权杖，作打击状。俘虏头部的右侧有两个表意符号，很像早期象形文字中的"鱼叉"（w）和"湖"（s），这与调色板正面抓着鱼叉的荷鲁斯的图画正好对应。在国王前面，俘虏上面，鹰神荷鲁斯抓着系在俘虏鼻子上的绳子，俘虏的身躯是象形文字的"土地"这一符号，而土地上面长出 6 根纸草，有人认为这象征着"6000个来自纸草之地的俘虏"。

综合调色板正反两面上被纳尔迈征服的人的形象特点，纸草地、鱼叉、湖等，我们可以读出这样的信息：来自南方赫拉康波里斯的纳尔迈征服了北方，他先后戴着红白两种王冠，庆贺统一战争的胜利。

如果我们对这些纪念物进行看图说话式的直接解读，并尝试把读出的信息与历史进程挂钩，我们就陷于深深的混乱和矛盾之中。奥赛里斯神话中，代表北方的荷鲁斯征服了代表南方的塞特，而纳尔迈调色板则讲述了南方征服北方的故事。

早期国家的起源伴随着高级文化的出现，其主体打造者是服务于王室的贵族阶层，主要过程是在整合地方传统的基础上形成一整套的艺术法则和经典主体，以文字、艺术品、建筑等多种形式表达。纳尔迈调色板是第一批高级文化的作品之一。这类作品是意识形态的浓缩和符号化表达，它们是功能性、仪式性的，基于现实又超越了现实。向我们展现的是一个神圣的、仪式化的世界，而不是真实历史的写照。在古埃及的观念中，历史就像许多人共同参与的宗教戏剧，历史事件是人们日常生活中宗教活动的强化，人物有固定的角色，事件也像宗教仪式那样有着固定的作用。

现代人总是希望将"真实"事件和仪式区分开来，这会使我们对纳尔迈调色板一类的艺术品的分析复杂化，附加上太多现代人的理解。高级文化中最真实的信息不是历史的而是观念的，是古埃及人的宇宙观、价值观及在此主导下的仪式和习俗。

神话中的历史与历史中的神话

关于神话和历史的区别，埃及学家雷德福有一段精辟的阐述："它们的意义（即神话的意义）与其曾在过去发生没有任何关系，而与它们现在的重要性有关……荷鲁斯对父亲的支持、舒神被举起以及奥赛里斯被谋杀——这些都是原始事件，它们是永恒的，一直在发生；而那些重现这些事件的国王或祭司都不能被认为是在扮演一个历史人物或是在纪念'历史'。"

神话中的文化记忆和早期纪念物中传递的信息，都无法与考古资料直接进行对应。考古发现证明，早期荷鲁斯崇拜的重要中心是赫拉康波里斯，而塞特的崇拜中心是涅伽达，这两个遗址都在埃及的南部，涅伽达在赫拉康波里斯北面。

前王朝遗址中，最早出现在"王名框"上方，表现两个王国统一的成对神祇并非荷鲁斯与塞特，而是一对荷鲁斯，逐渐才演变为荷鲁斯与塞特面对面（图5）。

红白王冠的象征也是一样。目前发现的最早的红冠（象征北方），是现身在南部埃及的涅伽达，当然，相对于赫拉康波里斯，它还是北。也就是说，红白王冠最早代表的是南方的北与南。

在埃及完成统一后，国家意识形态形成的过程中，埃及的知识精英把红白王冠象征的"北与南"放大到了更宽泛的地理范围之中，与三角洲和河谷的上下埃及二元对应了起来。

以荷鲁斯代表北方，塞特代表南方，则是统一完成之后形成的最意味深长的国家神话，与地理位置的关系不是直接对应而是隐喻性对应：统一后的第一个都城是北方的孟菲斯，对意识形态的创造者来说，南方象征着之前那个分裂无序的时代，而孟菲斯标志着大一统的新时代的到来。

将王权神话放在国家意识形态形成的过程中考察，《孟菲斯神论》对奥赛里斯神话的改造，就有了充分的动机。在该版本中，天神盖伯两度裁决，先令荷鲁斯与塞特分别统治上下埃及，最终决定让荷鲁斯独自统治，而且塞特表示了服从。其中一些细节值得注意：当盖伯判决荷鲁斯胜出时，是这样表述的："将他的全部遗产都给他，因为他是他长子的儿子。"这里的全部遗产，指的就是全部埃及，也就是说，在荷鲁斯与塞特纷争之前，这份遗产是完整的。加入南北分治的第一裁决这一情节，以及对遗产曾经完整的暗示，都是《孟菲斯神论》创作时代——第25王朝的需求。在古埃及的文化传统中，孟菲斯是正统的象征，既是空间上的也是时间上的，需要证明自身合法性的统治者或者朝代，都会以孟菲斯大做文章。

图5　表现上下埃及统一的成对神祇的变化

就荷鲁斯和塞特最早的崇拜中心而言，荷鲁斯所在的赫拉康波里斯在塞特所在的涅伽达的南边，而《孟菲斯神论》中的第一次裁决，荷鲁斯被赐予北方，塞特被赐予南方，这种在地理位置上的倒置，目的是强调胜出的一方——荷鲁斯应该属于孟菲斯所在地。孟菲斯代表着统一时代的到来，而涅伽达虽然是早期文明的中心，却代表着统一前的分裂时代。以荷鲁斯—孟菲斯—北方代表统一时代，以塞特—涅伽达—南方代表统一前时代，埃及建国之初的意识形态创造人巧妙地把地理上的南与北与历史上的分裂与统一结合了起来。奥赛里斯的神话，是在历史时空中凝结而成的对王权的高度符号化的注解。

在古埃及人留下的几种王表中，对最早的王的记载，有着很大的差异。

The Palermo stone	石碑	dynasty 5 （史前 25 个王 -dyn 5）	2400 BC
The Cairo stone	石碑	dynasty 5	2400 BC
The Karnak list	神庙浮雕	dynasty 18 61 个王，Menes-TIII	1500 BC
The Abydos list	神庙浮雕	dynasty 19 76 个王 . Menes-SetyI	1300 BC
The Saqqara list	墓室浮雕	dynasty 19 57 个王 , dyn1-RII	1300 BC
The Turin canon	纸草	dynasty 19 300 王 , Menes-	1300 BC
Manetho's list	纸草 / 浮雕	Greek period	200 BC

撰写于第 5 王朝的帕勒莫石碑记载了史前的 25 个国王，而新王国时期的大多数王表以一位叫作"美尼斯"的人为第 1 王朝的第 1 王。这一传统为希腊人统治时期的曼尼托继承。而考古学家迄今为止没有发现关于美尼斯的任何纪念物或者其他遗存，也就是说，我们至今仍无法以考古材料证明他的存在。这个名字本身有三种可能的含义：mn，空白处；mn-nfr，Memphis，孟菲斯；mn，创始人。从后两个含义中，我们看到了熟悉的"孟菲斯"信息，新王国时期的王表传统，以对孟菲斯的回归和强调来证明统治者的合法性。

上下埃及的象征地理学，不是直接复原历史的依据，而是古埃及早期国家形成时期创造出来的，是当时社会精英综合各种地方传统打造出来的高级文化的一部分，这种高级文化不是自然演变的结果，而是统治手段的核心部分，它一旦创造出来，就对整个社会产生深远的影响。在埃及，高级文化与国家产生同步，确定了此后三千年古埃及文明的灵魂基调。

结论

在埃及国家形成之前，南部埃及因连接着狭长的低地沙漠而具备了大型纪念性墓葬建筑的优势，由此开始了以宝货交易为主要目的的远程贸易，发展起高度专业化的制陶中心及其他制造业中心，导致了涅伽达文化的扩展。也就是说，涅伽达风格的扩散不是军事征服的结果，而是陶器生产专业化、工业化的结果，开始于南部埃及，最终扩展到各地。

伴随着墓葬文化、宝货交易、制造业专业化的发展，以上下埃及象征地理学、纳尔迈调色板为代表的一系列精致的艺术形式从史前艺术的粗糙形态中脱颖而出，与文字、建筑等同步发展为埃及特色的高级文化，其特质一旦形成，此后的岁月只是增加其亮度而已。

在埃及早期国家的形成过程中，来世信仰为核心的墓葬文化是极其关键的因素，在财富集中、社会关系调整的过程中，是不可忽视的根本因素。

（作者系北京大学历史学系教授）

〔1〕　D, Warburton, *State and Economy in Ancient Egypt*, University Press Fribourg Switzerland, 1997, p. 46.

〔2〕　Ibid.

〔3〕　Ibid.

〔4〕　Ibid, p.51.

〔5〕　Ibid, pp.51 ~ 57.

〔6〕　Ibid.

〔7〕　Ibid, p.39.

〔8〕　古时候是五条，现在只剩下两条：西边的罗塞塔和东边的达米塔。

〔9〕　这里我们应注意到由于地处沼泽地，北部埃及的遗址保存较少，并不说明这个地区比南部落后，文明的起源在上下埃及也有可能是同步的。

古代埃及与中国之间的海上交通

林梅村

公元前 275 年，埃及托勒密王朝在红海西岸建贝勒尼斯港，西距尼罗河阿斯旺约 260 公里，全称"贝勒尼斯·特洛格罗迪提迦港"（Port of Berenice Troglodytica）。古典作家斯特拉波、老普林尼和托勒密都曾提到过这座埃及古海港。公元前 1 世纪至公元 2 世纪，贝勒尼斯港成为印度、阿拉伯和埃及进行国际贸易的中心之一。埃及亚历山大港的一位古希腊商人在《红海航行记》（*Periplus of the Erythraean Sea*）中，详细介绍了埃及与印度之间的海上贸易路线。

至少在汉代，中国与埃及就有间接贸易往来，《汉书·地理志》记录了汉武帝至王莽年间中国与南印度、斯里兰卡之间的海上交通。广州发现过地中海东岸出产的腓尼基玻璃珠，广西合浦西汉墓出土了印度拉制钾碱玻璃珠、古罗马焊金珠工艺品，南越王墓出土了非洲象牙、阿曼乳香。有证据表明，古罗马、印度、大夏和粟特海商，为汉代海上丝绸之路的开辟作出重要贡献，本文将根据考古发现，介绍古代埃及与中国之间的海上丝绸之路。

中国与埃及的最初接触

1993 年 3 月，奥地利科学家鲁别克（G. Lubec）等学者在英国《自然》杂志发表了一篇论文，题为《丝绸在埃及的使用》。据说他们利用电子显微扫描技术，在古埃及第 21 王朝木乃伊上发现丝绸痕迹。[1] 如果这项研究成立，那么，早在公元前 1000 年丝绸就传入埃及了。然而，古埃及木乃伊上的丝绸痕迹，至今仍是一个孤证。

据史书记载，中国与埃及的最初交往始于公元前 2 世纪张骞通西域。元鼎元年（公元前 116 年），张骞取道天山廊道出使伊犁河流域，受到乌孙王的热情欢迎。然而，乌孙

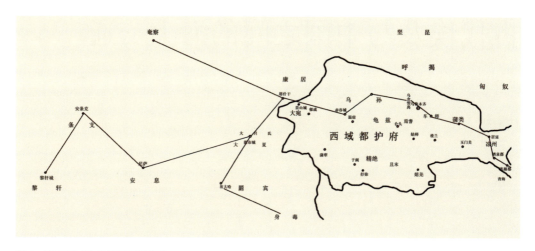

图 1　张骞第二次出使西域路线图

王惧怕匈奴，不敢和汉朝联盟，只派使者随张骞回访长安，答谢汉武帝。不过，张骞副使继续西行，出使西方诸国。《史记·大宛列传》记载："天子以为然，拜骞为中郎将，将三百人，马各二匹，牛羊以万数，赍金币帛直数千巨万，多持节副使，道可使，使遗之他旁国。……骞因分遣副使使大宛（今乌兹别克斯坦费尔干纳盆地）、康居、大月氏、大夏（今阿富汗西北）、安息、身毒（今巴基斯坦印度河流域）、于寘（今新疆和田）、扜罙及诸旁国。"[2] 张骞出使乌孙归来后，"汉始筑令居以西，初置酒泉郡以通西北国，因益发使抵安息、奄蔡（今俄罗斯北高加索）、黎轩（靬）、条支、身毒国"。[3] 据伯希和（P. Pelliot）等学者考证，汉朝使者所达犁靬（Alexandria）就是埃及亚历山大城（图 1）。[4]

埃及亚历山大城始建于公元前 332 年，尼罗河出海口亚历山大港就在该古城。亚历山大大帝死后，埃及总督托勒密建立托勒密王朝，定都亚历山大城，并很快将其发展为希腊化世界最大的城市，规模和财富仅次于罗马。不过，埃及伊斯兰化后，迁都开罗，亚历山大城的政治地位不断下降，到奥斯曼帝国末期几乎沦为一个小渔村。阿富汗巴达克山盛产青金石，很早就行销美索不达米亚、古埃及和古波斯，如美国宾夕法尼亚大学博物馆藏乌尔王朝箜篌上金牛头上的青金石装饰。由此可见，埃及与中亚之间自古以来就有贸易商道。梵蒂冈博物馆藏古罗马浮雕上大夏商人牵骆驼赴耶路撒冷觐见圣母和耶稣图，生动再现了古代中亚与圣地之间的贸易往来（图 2）。

早在埃及托勒密王国时代，中国丝绸就传入埃及。据罗马帝国作家卢坎（Lucanus，约 33 ~ 65 年）《法尔萨鲁姆》第 10 章记载，托勒密王朝末代君主"克利奥帕特拉（Cleopatra，约公元前 69 ~ 前 30 年）的白腻酥胸，透过西顿（今黎巴嫩南部城镇）的罗襦而闪闪发光。这种罗襦是用赛里斯人（Seres，指中国人）机杼织成的，并用尼罗河

图2　梵蒂冈博物馆藏古罗马浮雕上大夏商人牵骆驼赴耶路撒冷觐见圣母子

图3　庞培古城出土印度象牙雕刻夜叉女神镜柄与公元1世纪初印度桑奇佛塔夜叉女神

畔的织针编出粗大透亮的网眼"。[5]克利奥帕特拉即好莱坞电影《埃及艳后》的女主人公。实际上，她穿的衣裙是地中海东岸西顿希腊织工拆解中国丝绸重新织造的。

《魏略·西戎传》记载："大秦国一号犁靬（今埃及亚历山大城），在安息、条支西大海之西，从安息界安谷城乘船，直截海西，遇风利二月到，风迟或一岁，无风或三岁。其国在海西，故俗谓之海西。……有织成细布，言用水羊毳，名曰海西布。此国六畜皆出水，或云非独用羊毛也，亦用木皮或野茧丝作，织成氍毹、毾㲪、罽帐之属皆好，其色又鲜于海东诸国所作也。又常利得中国丝，解以为胡绫，故数与安息诸国交市于海中。"[6]

公元前30年，埃及并入罗马帝国版图，于是尼罗河出海口亚历山大城成了罗马帝国通往东方的门户。奥古斯都时代（公元前27～14年），希腊水手希帕鲁斯（Hippalus）

图 4　印度安达罗王朝遗址出土古罗马风格的焊金珠饰件

在长期航海实践中发现了季风。如果夏季乘西南方吹来的海风东行，可以平安地从亚丁航海到印度；冬季再乘反方向风（即东北风）西行，又可顺利地从印度返回阿拉伯半岛。希帕鲁斯借助这种"贸易风"，建立了一条从红海直达印度的航线。埃及行省是罗马帝国最重要的谷物生产地之一。古罗马人严重依赖埃及海运输出的粮食，古罗马军队在皇帝任命的长官控制下，镇压叛乱、强征重税、打击强盗，而后者此时已经出现严重问题。

古罗马时代，亚历山大城逐渐发展成为东方重要的商业中心，充满异国风情的埃及奢侈品行销罗马帝国。庞培古城出土过一件印度安达罗艺术风格的象牙雕刻印度树神夜叉女神镜柄，与公元 1 世纪初印度桑奇佛塔东门方柱上的印度树神夜叉女神如出一辙（图 3）。[7]

古代印度有三大王朝，即孔雀王朝（约公元前 322 ~ 前 185 年）、巽伽王朝（约公元前 185 ~ 前 73 年）、南印度安达罗王朝（约公元前 3 世纪 ~ 3 世纪）。至少在公元前 1 世纪，印度与罗马帝国就开始交往。安达罗王朝遗址出土过一件古罗马风格的焊金珠饰件（图 4），年代约在公元前 1 世纪。公元前 30 年罗马帝国兼并埃及，这件古罗马奢侈品应该是从埃及亚历山大港经红海和印度洋传入南印度的。

海上丝绸之路的开辟

中国与印度的海上交通不晚于公元前 4 世纪。《战国策·楚策一》记载了这样一则故事：纵横家张仪替秦国游说楚怀王（约公元前 354 ~ 前 296 年）。怀王终于被说服，便派人给秦王送礼品，"乃遣使车百乘，献鸡骇之犀、夜光之璧于秦王"。[8] 鸡骇是一种印度宝石，学名"金绿宝石"（Chrysoberyl），梵语作 Karketana（猫眼石），主要产于斯里兰卡和南印度。这个故事说明早在公元前 4 世纪印度、楚国、秦国之间就有一条古老的国际贸易商道。[9]

秦始皇三十三年（公元前 214 年），秦军平定百越，在岭南设立南海郡、桂林郡、象郡三郡，任嚣为首任南海郡尉。下设博罗、龙川（今广东龙川县）、番禺、揭阳四县，治番禺（今广州）。赵佗任龙川县令，后升南海郡尉。秦朝灭亡前夕（公元前 203 年），秦南海郡尉赵佗起兵，兼并桂林郡和象郡，以及越南北部地区，在岭南建立南越国。公元前183 年，赵佗成功抗击汉朝后，夜郎等西南夷诸国纷纷投靠南越国，并保持一种松散的役属关系，直至汉武帝元鼎六年（公元前 111 年）南越国灭亡。20 世纪 70 年代末，在广西合浦县堂排 2 号西汉晚期墓发掘出玻璃珠 133 粒，玻璃管 2 件，玛瑙珠 6 粒，玛瑙鹅 5 件，琥珀狮子 1 件，琥珀珠 1 件，水晶珠 19 件，金镯 2 件，金戒指 2 件。其中玻璃珠、琥珀狮子、水晶珠，当为印度洋海上贸易舶来品。[10] 1983 年，广州象岗山南越王墓出土了一面六山纹铜镜，从艺术风格看，当是战国晚期所铸的楚镜而流入南越地区。[11]

古埃及和两河流域古代帝王有焚烧乳香的习俗，波斯波利斯王宫浮雕有焚烧乳香的波斯香炉。战国时期，西方焚香之俗传入中国。至汉代时成为帝王奢华生活的重要组成部分。值得注意的是，广州南越王墓发现了阿曼乳香和鸟纹陶香炉。[12] 南越王墓还发现一件古波斯列瓣纹银盒（图 5，1），近年山东青州战国齐王墓发现类似的古波斯银盒（图 5，2），可证南越王墓所出波斯银盒为战国之物，[13] 此外，云南晋宁石寨山滇王墓还发现一件古波斯列瓣纹铜盒（图 5，4），与山东战国齐王墓和广州南越王墓出土古波斯银盒的器形几乎完全相同。

关于中国与印度的海上交通，还有一条重要考古材料。河南淅川下寺楚墓发现了印度河流域特种工艺品——蚀花肉红石髓珠。正如法国考古学家杜德兰（Alain Thote）教授指出的，纹饰石髓管（即蚀花肉红石髓珠）发源于印度河流域的哈拉帕文明；那里的艺术起源于公元前 3000 年，并在印度西部一直延续至最近。1994 年在新疆北部"丝绸之路"上也偶然地发现一件公元前 5 世纪的蚀花肉红石髓管，那么，河南淅川下寺楚墓出土蚀花肉红石髓珠当来自印度河流域。[14]

关于印度、广州、四川之间的古代交通，有两条重要记载：其一，《史记·西南夷列传》记载："建元六年（公元前 135 年），大行王恢击东越，东越杀王郢以报。恢因兵威使番阳令唐蒙风指晓南越。南越食蒙蜀枸酱，蒙问所从来，曰'道西北牂柯，牂柯江（今广东珠江）广数里，出番禺城（今广州）下'。蒙归至长安，问蜀贾人，贾人曰'独蜀出枸酱，多持窃出市夜郎。夜郎者，临牂柯江，江广百余步，足以行船。南越以财物役属夜郎，西至同师，然亦不能臣使也'。"[15] 既然公元前 2 世纪广州与四川盆地、云贵高原有贸易往来，那么，印度蚀花肉红石髓珠、罗马焊金珠工艺品或为印度商人从海路运往广州，然后行销中国南方各地和云贵高原。

其二，《大唐西域求法高僧传》记载："那烂陀寺东四十驿许，寻弶伽河而下，至蜜栗伽悉他钵娜寺（本注：唐云鹿园寺也）。去此寺不远，有一故寺，但有砖基，厥号支那寺，古老相传云是昔室利笈多大王为支那国僧所造（本注：支那即广州也。莫诃支那即京师也。

1. 古波斯　　　2. 山东战国齐王　　　3. 西汉南越王

4. 云南滇王　　　5. 安徽汉墓　　　6. 江苏汉王刘非

图 5　古波斯和中国山东、南方各地出土波斯银盒

亦云提婆佛呾罗，唐云天子也）。于时有唐僧二十许人，从蜀川牂牁道而出（本注：蜀川去此寺有五百余驿）。"[16]这所支那寺是公元 3 世纪晚期室利笈多大王为广州到印度求法的中国僧人兴建的。义净说"支那即广州也"，表明梵语 Cina（支那）一词实乃印度人对广州的称谓，而印度人对中国京城西安则称"莫诃支那"（梵语 Mahāchina"大支那"）或"提婆佛呾罗"（梵语 Devaputra"天子"）。[17]

　　正如英国东方学家裕尔（Henry Yule）指出的，如果说赛里斯一词源于草原之路斯基泰人对中国首都洛阳的称谓，那么，支那（Cina）一词则源于在印度洋从事海上贸易的印度商人对中国的称谓。[18]阿拉伯语 al-Ṣīn（中国）、[19]古希腊语 Thinai（中国），[20]皆源于印度海商对中国的称呼 Cina（秦、支那）。

汉代海上丝绸之路的发展

　　汉武帝年间，中国与南印度东海岸的海上交通全线开通。《汉书·地理志》记载："自夫甘都卢国船行可二月余，有黄支国（今南印度东海岸康奇普拉姆）；民俗略与珠崖（今海南岛）相类。其州广大，户口多，多异物。自武帝以来皆献见。有译长，属黄门（长安城未央宫北门），与应募者俱入海市明珠、壁流离、奇石异物，赍黄金杂缯而往。所至国皆禀食为耦，蛮夷贾船，转送致之，亦利交易，剽杀人。又苦逢风波溺死，不者数年来还。大珠至围二寸以下。"[21] 黄门，指长安城未央宫北门。黄支国在南印度东海岸，当地人讲泰米尔语，黄门译长应该懂泰米尔语。他携带的"杂缯"，即彩色丝绸。凡此表明，汉代海上丝绸之路起点在长安城（图6）。

关于汉代海上丝绸之路始发港，有两条重要史料：

其一，《汉书·地理志》记载："粤地（今广东）……处近海，多犀、象、毒冒（玳瑁）、珠玑、银、铜、果、布之凑，中国往商贾者，多取富焉。番禺（今广州），其一都会也。自合浦徐闻（合浦郡治所，今雷州半岛南端徐闻县）南入海，得大州（今海南岛），东西南北方千里……"[22]

其二，《汉书·地理志》记载："自日南障塞（日南郡南界，今越南中部岘港）、徐闻、合浦航行可五月，有都元国。"[23]《汉书·地理志》还提到："合浦郡，武帝元鼎六年（公元前112年）开。……县五：徐闻、高凉（今广东阳江北）、合浦、临允（今广东新兴）、朱卢（今海南海口）。"[24]《后汉书·郡国志》开篇说："《汉书·地理志》记天下郡县本末及山川奇异、风俗所由，至矣。……凡县名先书者，郡所治也。"[25] 东汉徐闻县仍属合浦郡，县治不变，而合浦郡治所则从徐闻迁往合浦。总之，西汉海上丝绸之路始发港在合浦郡治所徐闻县。据考古调查，汉代徐闻县和合浦郡的治所皆在广东徐闻县西南海滨讨网村（今二桥村）。无论去海南岛，还是去印度支那半岛，西汉年间都从徐闻港启航出海。古代航海沿海岸线而行，因此，要从合浦（今广西合浦）过境。

长安城黄门译长远航印度洋，要搭乘"蛮夷贾船"。据老普利尼（Pliny the Elder）《自然史》记载，克劳狄乌斯执政年间（Claudius，约41～54年），由锡兰前往罗马的使节们介绍说："这些使节们曾在赫摩迪山（Hemodi，今喜马拉雅山）以外地区见过赛里斯人，并与他们保持着贸易关系，使团长拉西亚斯（Rachias）的父亲曾经到过赛里斯国。赛里斯人欢迎旅客们……"[26]

公元1世纪中叶《红海航行记》记载：在那些利穆利（Limurie）或北方人登陆的当地市场和港口中，最重要的是吉蔑（Kamara）、波杜克（Poduke，也即《汉书·地理志》的"黄支国"）、索巴杜马（Soptma）等著名市场，这几个地方互为毗邻。人们在那里可以发现土著人的船舶，它们沿着海岸前驶，就可以直抵利穆利地区。还有另一些由单一的横梁装配而成的很大的船只所组成的船队，人称这种船为"桑珈拉"（今斯里兰卡），至于那些驶往金洲（Cherye，今马来半岛）或恒河河口的帆船，十分庞大，人称为"科兰迪亚"（Kolandia）。[27] 据此，汉朝使者远航印度洋搭乘的"蛮夷贾船"，当即《红海航行记》所谓"科兰迪亚"大帆船。在印度尼西亚爪哇岛婆罗浮屠浮雕上可见此类大帆船（图7）。

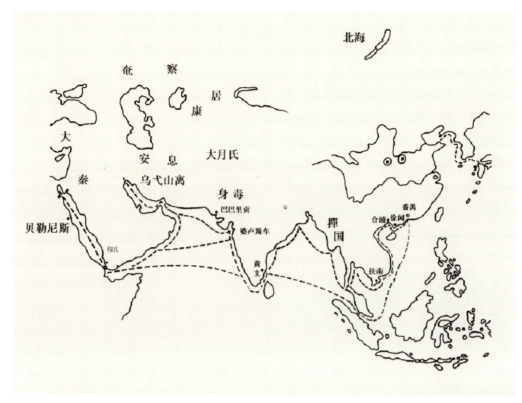

图 6　汉代海上丝绸之路

图 7　印度尼西亚爪哇岛婆罗浮屠浮雕上的印度大帆船

贝勒尼斯港希腊拉丁碑铭所记印度洋贸易

　　1936 年，英国学者温克勒（Hans A. Winkler）在埃及贝勒尼斯港（图 8）西北卢克索尔（Luxor）东约 80 公里的瓦迪米尼赫（Wadi Mineh）岩穴石壁上，一共发现 7 处游人题记。其中一处拉丁文题记写道："凯撒 28 年（公元前 2 年）Phamenoth 月（2 或 3 月），努米迪乌斯·厄洛斯（Caius Numidius Eros）从印度返航途中到此。"[28]此外，这处岩穴还有几个题记与之相关。从题记看，努米迪乌斯·厄洛斯是希腊籍罗马公民，可能是亚历山大大帝以来，定居埃及的希腊籍商人之一。拥有大量财富和奴隶，从事印度与罗马之间的奢侈品贸易。他定期航行印度，至少持续到奥古斯都执政晚期。

　　公元 1 世纪中叶成书的《红海航行记》首次提到 Thinae（秦奈）一词。书中说："在该地（指金洲，今马来半岛）的后面，大海止于秦奈的某处，在秦奈内地颇近北方处有一称为秦奈的大城（今广州），从那里生丝、丝线和丝料沿陆路通过巴克特里亚被运到婆卢羯车(Barygaza，今印度西海岸布罗奇）。另一方面，这些货物由恒河水路被运至利穆里斯（今印度西南海岸），但是要进入秦奈国并非易事，从秦奈国来的人也很稀少。"[29]埃及东部沙漠瓦迪米尼赫的一处拉丁文题记写道："利萨斯（Lysas），布勃利乌斯·安尼乌斯·普洛卡穆斯（Publius Annius Plocanus）的奴隶到此，时唯凯撒 35 年 Epeiph 月 8 日（公元 6年 7 月 2 日）。"瓦迪米尼赫的一处希腊文题记写道："我，利萨斯（Lysas），布勃利乌斯·安尼乌斯·普洛卡穆斯（Publius Annius Plocanus）的奴隶到此，时唯奥古斯都 35 年

图 8　红海之滨贝勒尼斯港

7 月 Nones 日之前三天（公元 6 年 7 月 5 日）。"[30] 有学者说："公元 1 世纪初，一位商人阿尼尤斯·普洛卡姆斯（Annius Plocamus）扑买了罗马帝国红海领土的税收，他派出一名获得自由的奴隶布勃利乌斯（Publius）作为他的监税官前往红海地区。这位监税官在航行中……"[31]

殊不知，老普林尼并没说监税官叫什么名字。从瓦迪米尼赫题记看，布勃利乌斯实际是这位罗马商人的名字，而他的监税官名叫利萨斯。据说他受到该岛国王盛情款待，逗留六个月。他学会用当地语言回答国王的提问，向国王讲述了恺撒和罗马人的所有故事。国王看到带到该岛的罗马钱币，虽然上面的头像显示出它们由不同的君主所铸造（应为"打制"），但却为同一重量，由此知道了他们做交易时的准确性。在国王从罗马人那里听到的所有事情中，这一点最为奇妙。这位罗马人极力劝促国王与罗马建立友好关系，国王派出四名使节前往罗马，为首者名叫拉齐阿斯（Rachias）。……这些使节还说，该岛面对印度的一侧，向东南方向延伸达一万斯达地（Stadium）。赛里斯人居于伊摩都斯（Emodos，今喜马拉雅山）以外，该岛上的人曾见到过赛里斯人，并与他们保持着贸易关系。拉齐阿斯的父亲曾经到访过赛里斯国，而这些使节们也曾在游历中遇见过赛里斯人。使节们描述说，赛里斯人身材高大，超乎常人。红发碧眼，说话声音沙哑，没有共同的语言与之沟通。使者所述其情况，与西方商人所述完全相合……[32]

据瓦迪米尼赫希腊文和拉丁文游人题记（图 9），公元 6 年 7 月 2 ~ 5 日，利萨斯的身份是罗马商人普洛卡穆斯的奴隶，克劳狄乌斯执政时才获得自由，成为自由人（libertus），并被派往红海地区为帝国财室监税。因此，斯里兰卡使团出访罗马宫廷应该在克劳狄乌斯执政时期，而非奥古斯都时代（公元前 27 ~ 14 年）。

老普林尼《自然史》所谓"塔普罗巴奈"（Taprobane），《汉书·地理志》称作"已程不国"，后者源于阿拉伯或波斯语 Serendip（锡兰岛）。关于罗马帝国时代印度洋的国际贸易对象，《红海航行记》记载：罗马商人在巴巴里伽姆（Barbaricon，今巴基斯坦卡拉奇）卖"质地轻薄的服装、提花的亚麻布、黄玉、珊瑚、苏合香脂、乳香、玻璃器皿、金、银盘子以及少量的酒"，来交换"木香、芳香树胶、枸杞、甘松香、绿松石、青金石、棉布、绢丝和靛青"。在婆卢羯车，他们则会购买小麦、大米、芝麻油，棉和布。罗马帝国占领埃及后，亚历山大城成为罗马玻璃制造业最重要的中心之一，经红海运往印度河口的"玻璃器皿"当即亚历山大城烧造的，英国考古学家马歇尔在巴基斯坦北部塔克西拉遗址发现许多罗马玻璃器，其中一种为瓜棱纹绞胎玻璃碗残片。在扬州邗江东汉晚期墓（甘泉二号）发现了埃及亚历山大城烧造的罗马瓜棱纹绞胎玻璃碗残片（图 10），为紫红色和乳白色相间的透明玻璃。[33] 关于古罗马时代的奢侈品贸易，老普林尼说："珍珠是由阿拉伯海提供的。我国每年至少有一亿枚罗马银币被印度、赛里斯国以及阿拉伯半岛夺走。"[34]

意大利那不勒斯海湾的维苏威火山下，有一座美丽的古城，始建于公元前 8 世纪，占

图 9　埃及东部沙漠瓦迪米尼赫希腊—拉丁文题记

图 10　扬州邗江甘泉二号墓出土罗马瓜棱纹绞胎玻璃残片

图 11　身穿丝绸的罗马女祭司　公元79
年　那不勒斯国家博物馆藏

地面积 1.8 平方公里，通称"庞培古城"。公元 79 年 8 月，维苏威火山突然爆发，滚滚岩浆埋葬了这座罗马古城。1748 年，庞培古城终于重见天日。经过 200 多年的考古发掘，这座沉睡了 1600 多年的城市苏醒了。庞培古城出土过一幅身穿中国丝绸的罗马女祭司壁画（图 11），现为那不勒斯国家博物馆藏品。

（作者系北京大学中国考古学研究中心教授）

〔1〕　G. Lubec, J. Holaubek, C. Feldl, B. Lubec and E. Strouhal, "Use of Silk in Ancient Egypt", *Nature*, March 4, 1993.

〔2〕　《史记·大宛列传》，中华书局，1959 年，第 3168 ~ 3169 页。

〔3〕　《史记·大宛列传》，第 3170 页。

〔4〕　龚缨晏：《20 世纪黎轩、条支和大秦研究述评》，《中国史研究动态》2002 年第 8 期，第 19 ~ 28 页。

〔5〕　戈岱司编，耿昇译：《希腊拉丁作家远东古文献辑录》，中华书局，1987 年，第 14 页。

〔6〕　《三国志·魏书·乌丸鲜卑东夷传》裴松之注引，中华书局，1964 年，第 860 ~ 861 页。

〔7〕　罗伊·克雷文著，王镛等译：《印度艺术简史》，中国人民大学出版社，2004 年，第 54 页，图 38；Mirella Levi D'Ancona, "An Indian Statuette from Pompeii", *Artibus Asiae*, Vol. 13, No.3（1950），pp.166 ~ 180。

〔8〕　参见《战国策·楚策一》，上海古籍出版社，1985 年，第 510 页。

〔9〕　林梅村：《丝绸之路考古十五讲》，北京大学出版社，2006 年，第 94 ~ 95 页。

〔10〕　广西壮族自治区文物工作队：《广西合浦县堂排汉墓发掘简报》，《文物资料丛刊 4》，文物出版社，1981 年，第 46 ~ 56 页。

〔11〕　邓秋玲：《论山字纹铜镜的年代与分期》，《考古》2003 年第 11 期，第 64 页。

〔12〕　林梅村：《海内存知己天涯若比邻：2012 年伊朗考察记之二》，《紫禁城》2012 第 5 期，第 54 ~ 55 页。

〔13〕　关于中国出土古波斯银盒的年代，参见李零：《论西辛战国墓裂瓣纹银豆——兼谈我国出土的类似器物》，《文物》2014 年第 9 期，第 58 ~ 70 页。

〔14〕　杜德兰著，刘玉堂、贾继东译：《异质文化撞击与交流的范例——淅川下寺墓随葬器物的产地及相关问题》，《江汉考古》1996 年第 2 期，第 90 页。

〔15〕　《史记·西南夷列传》，第 2993 ~ 2994 页。

〔16〕　义净著，王邦维校注：《大唐西域求法高僧传校注》，中华书局，1988 年，第 106 页。

〔17〕　关于这个问题的讨论，参见杨鹤书：《从公元 3 ~ 7 世纪佛教在广州的传播看中外文化交流》，《广州与海上丝绸之路》，广东省社会科学院，1991 年，第 114 页。

〔18〕 裕尔编，考迪埃修订，张绪山译：《东域纪程录丛》，云南人民出版社，2002 年，第 2 ~ 3 页；Henry Yule （ed.），*Cathay and the Way Thither*，Vol.1，（New edition revised by Henri Cordier，London: Hakluyt Society，1915 ~ 1916），p.1。

〔19〕 周放：《关于"中国"一词阿文译名词源考证的辨疑》，《寻根》2007 年第 3 期，第 41 ~ 45 页。

〔20〕 在古希腊文献中，Thinai（中国）一词始见于《红海航行记》，作者是一位定居埃及亚历山大港的希腊商人，他曾经访问过塔普罗巴奈岛（Taprobane，今斯里兰卡），并且记录了从红海、经斯里兰卡、金洲（马来半岛）到中国的航线（参见 Jan Jansson，*Novus Atlas，Sive Theatrum Orbis Terrarum: In quo Orbis Antiquus，Seu Geographia Vetus，Sacra & Profana exhibetur*，Vol. 6，1658；张绪山：《罗马帝国沿海路向东方的探索》，《史学月刊》2001 年第 1 期，第 87 ~ 92 页）。

〔21〕 《汉书·地理志》，中华书局，1964 年，第 1671 页。

〔22〕 《汉书·地理志》，第 1670 页。

〔23〕 《汉书·地理志》，第 1671 页。

〔24〕 《汉书·地理志》，第 1630 页。

〔25〕 《后汉书·郡国志》，中华书局，1965 年，第 3385 页。

〔26〕 戈岱司编，耿昇译：《希腊拉丁作家远东古文献辑录》，第 14 页。

〔27〕 戈岱司编，耿昇译：《希腊拉丁作家远东古文献辑录》，第 17 页。

〔28〕 David Meredith，"The Roman Remains in the Eastern Desert of Egypt"，*The Journal of Egyptian Archaeology*，Vol. 39 (Dec., 1953)，pp. 94 ~ 111.

〔29〕 戈岱司编，耿昇译：《希腊拉丁作家远东古文献辑录》，第 18 页。

〔30〕 David Meredith，"The Roman Remains in the Eastern Desert of Egypt"，*The Journal of Egyptian Archaeology*，Vol. 39（Des.,1953），pp. 94 ~ 111

〔31〕 刘迎胜：《丝路文化·海上卷》，浙江人民出版社，1995 年，第 24 页。同样的错误亦见于张绪山译：《东域纪程录丛》，第 163 页。

〔32〕 戈岱司编，耿昇译：《希腊拉丁作家远东古文献辑录》，第 11 ~ 12 页。

〔33〕 约翰·马歇尔著，秦立彦译：《塔克西拉》卷三，云南人民出版社，2002 年，图版 209；安家瑶：《中国的早期玻璃器皿》，《考古学报》1984 年第 4 期，第 415 页，图版叁，5。

〔34〕 戈岱司编，耿昇译：《希腊拉丁作家远东古文献辑录》，第 12 页。

从希腊到罗马

——古典和传统的构建

陈恒

英国著名宗教史家克里斯托弗·道森（Christopher Dawson，1889～1970年）在《欧洲和西方文化的七个阶段》一文中认为：整个西方文化发展可分为三个主要阶段——前基督教阶段、基督教阶段、后基督教阶段，每个阶段又可分为两个或三个小阶段。前基督教阶段是古典地中海文化阶段、希腊世界和罗马世界阶段。接下来是基督教历史的三个阶段：东西基督教的形成阶段、中世纪基督教阶段（从11世纪到15世纪）、宗教分裂和人文主义阶段（从16世纪到18世纪）。后基督教阶段分为革命阶段（从18世纪晚期到19世纪），那时的欧洲正变得世俗化；欧洲瓦解阶段，这是两次世界大战的原因和结果，直到今天我们还生活在这种阴影之中。[1]

人类总抱有好奇心，探究事物的起源，对自身历史的起源与发展也不例外。公元前8世纪古希腊诗人赫西俄德（Hesiod）就把人类社会分为黄金时代、白银时代、青铜时代、黑铁时代四个时代，探究人类来自何处，去往何处。诸如此类的历史分期在人类历史上可谓五花八门，层出不穷，道森的西方文化七分法只是其中一家之言。他的划分不无道理，但就古典地中海文化阶段而言，他忽略了西方文化起源的东方背景。

光来自东方

"光来自东方"（Ex oriente lux）是一句拉丁谚语，暗示着罗马人对东方文明的崇拜心理，虽然罗马人在政治、军事、法律等领域贡献巨大，但在智慧方面却崇拜东方，这里的东方指位于罗马东方的希腊，也包含位于希腊东方的小亚细亚、美索不达米亚、埃及等地，"正所谓东西对峙的美索不达米亚和埃及，好似两座灯塔，照耀着草昧未辟的西方世界"。希腊文明之根可以追溯到美索不达米亚和埃及。美索不达米亚的苏美尔地区早在公元前 3500 年左右就出现了文字，并于公元前 4000～前 3000 年间建立了独立的城市和政治集权，并与两河流域北部地区和现在伊朗西南部的广大地区建立了广泛的贸易联系，甚至建立了一些商业殖民地，将其物质文明和文化成就传播到那些地区，由此建立起一个所谓的"乌鲁克世界体系"。[2]古代埃及文明始于公元前 3050 年左右，美尼斯将尼罗河三角洲（下埃及）、尼罗河谷（上埃及）统一起来，建立中央集权国家。这两个集团不断发动战争以保护自己的文明，展现自身的优越感并掠夺资源，文明也随之得到传播。公元前 2000～前 1900 年左右，文明开始在安纳托利亚、克里特岛、地中海东部的一些岛屿和希腊出现，[3]地中海世界东部文明呈现出燎原之势。

由始至终，希腊文明的一个主要区域在亚洲的西海岸，那里位于土耳其，而非希腊。[4]古希腊最早的探索宇宙和自然奥妙的米利都哲学学派就生活于小亚细亚。米利都学派的成员在研读巴比伦占星家著作的基础上开始了天文学的研究。同时，他们还从巴比伦人那里引进了日钟、日晷，并把一日分成十二个部分。该学派的最重要代表泰勒斯（Thales of Miletus，约公元前 624～前 547 年）就因受东方先进文化的影响而成为了大哲学家。[5]巴比伦的创世史诗《埃努玛·埃利什》（Enuma Elish）所说的海洋先于苍天、大地的观念就被泰勒斯所采纳，用作其宇宙论的基础。[6]

很多古典作家认为希腊文明晚于埃及文明，马丁·伯纳尔（Martin Bernal，1937～2013 年）把这种理论称为"古代模式"（Ancient Model）。米利都的赫卡泰厄斯认为，希腊人长期以来就是埃及文明的子孙。希罗多德在《历史》中也指出，"可以说，几乎所有神的名字都是从埃及传入希腊的。我的研究证明，它们完全是起源于异邦人那里的，而我个人的意见则是，较大的一部分则是起源于埃及的。除去我前面所提到的波赛东和狄奥司科洛伊，以及希拉、希司提亚、铁米斯、卡利铁司和涅列伊戴斯这些名字之外，其他的神名都是在极古老的时候便为埃及人所知悉了"。[7]不过，随着时间的推移，东方文化已完全融入到了古希腊文化之中，人们也逐渐将之遗忘。到启蒙运动时代则走得更远。结果，一种说法被制造出来："古典的希腊"作为一个"起源"出现，仿佛从无与伦比的超常智慧种子中自然而然地发芽。[8]到 19 世纪三四十年代，这种所谓的"雅利安模式"（Aryan Model）越来越盛行，这种模式强调来自北方说印欧语言的入侵者对希腊文化形成起着决定性的作用，虽然这种观点至今仍有一定的市场，不过，这种希腊文明单纯起源说已经被当代明智的学者抛弃了。

越来越多的文献都证明东方文明对希腊文明产生了巨大的影响，涉及贸易、宗教、语言、文字、文学、艺术、科学等方面。如在关于天地开辟和洪水的两河流域史诗中的英雄吉尔伽美什（Gilgamesh）被赋予了人理想中的各种奇异才能，建立了许多丰功伟绩，他的故事后来影响到希腊的神话，希腊神话中的英雄赫拉克勒斯（Heracles）的故事大都是从吉尔伽美什的故事中抄袭来的。[9]在艺术方面，通过与东方的联系交往，东方观念在

图1 萨摩斯岛的赫拉神庙

各个社会阶层蔓延，一种新的观念逐渐形成了，不但影响了献祭风格，而且影响了艺术风格。萨摩斯岛（Samos）的赫拉神庙遗址（图1）出土了大量来自近东的物品，其中包括各种小型东方神像，有些是形象丰满的女性裸体，还有些造型奇特，它们为希腊艺术家塑造通常的人类形象与特定的众神形象提供了丰富的样本。斯芬克斯起源于埃及，在青铜时代晚期为古希腊人所知，曾在晚期几何风格陶器中出现。大约公元前700年，诗人赫西俄德的著作使斯芬克斯在古希腊神话的神谱中占有了一席之地，是俄狄浦斯神话中的一个核心元素。[10]

总而言之，东方文化对希腊人的影响既广泛又深远，而"古希腊人都是出色的舞者，无论是在日常生活中还是在舞台上，他们的舞蹈似乎都是模仿性的"。[11]可以说，东方是古希腊人走出"黑暗时代"而踏上创新之路的启蒙导师。诚如英国古典学家哈蒙德所说："在公元前9世纪近东和爱琴地区之间的接触逐渐重新开放了，主要的交通线是由塞浦路斯经克里特、塞拉、米洛斯以达希腊大陆的东南沿岸，追随着在中期青铜时代东方文化传入的故道。一条次要的路线经过罗得斯，这些接触最初是零散而不经常的，但它们结下了文明思想传播之果，从而促进了一百年后希腊文化的复兴。"[12]

地中海世界与古典社会

贸易、宗教、哲学、艺术、科学等方面的交流都取决于地中海世界得天独厚的地理环境。英语世界中一些习语都与地中海有关，如地中海气候（Mediterranean climate）、地中海热（Mediterranean fever）、地中海式混养（Mediterranean polyculture）等。这说明地中海世界在许多事情上存在一定程度的相似性。地中海式混养是指在一个单一的、互相联系的农业系统中种植橄榄、葡萄和谷物的耕作方式，这对于古代社会的意义非常重要，极大地提高了古代地中海世界的健康水平和繁荣。通过将那些在不同季节需要密集劳动力的农作物统一起来，这一举动使得农民劳动力得到了有效的利用。这一农业系统是地中海农业最为显著的一个标志，同时也带来了两大进步。首先，农作物的混合种植带来了一种健康的饮食习惯（地中海饮食，如同今天的医生所称呼的一样），从而带动了人口的增长。其次，农业变得越来越多样化和专业化，这一转变提高了诸如橄榄油和葡萄酒这些有价值的农产品产量的提升。[13]

英国考古学家柴尔德（Gordon Childe，1892～1957年）把这种农作物种植称为"农业革命"（agricultural revolution），农作物种植使人口史无前例地急剧增加，农村社会开始出现。这一现象在西亚肥沃的新月地带迅速发展起来；约公元前4000年左右，城市生活也在这里初现端倪，柴尔德又把这种现象称为"城市革命"（urban revolution），它是人类历史上第二个决定性的转折点，之所以发生这种革命是由于内部交流和资源集中的规模越来越大的缘故，[14]而这种集中所带来的"集聚效应"恰如芒福德（Lewis Mumford，1895～1990年）所说："城市从其起源时代开始便是一种特殊的结构，它专门用来贮存并流传人类文明的成果；这种结构致密而紧凑，足以用最小的空间容纳最多的设施；同时又能扩大自身的结构，以适应不断变化的需求和社会发展更加繁复的形式，从而保存不断积累起来的社会遗产。文字记载一类的发明创造，如图书馆、档案保存处、学校、大学等，就属于城市最典型的和最古老的成就之一。"[15]分布在古代世界的各座城市犹如文明星辰照亮了整个地中海世界，而古代世界的各种交往方式又把这些城市文明要素有效地连接在一起了，使整个地中海世界成为一个网状的文明体系，彼此相互影响，共同发展。

约在公元前3500年，一种新的交流网出现了，它将印度洋和红海沿岸的居民同西至地中海沿岸、北至大草原、东至今阿富汗地区的西亚居民联系起来，这种联系依赖毛驴帮队运输。贵重物品、新的知识和技能开始在整个地区传播，其速度要比以往任何时候都快得多；苏美尔成为新奇物品和贵重物品的聚集之地。难怪在接下来的500年里，就是在这里形成了世界上首个人类文明。像这样的航海网络与类似内陆网络的互动，在世界上是独一无二的。就像位于蜘蛛网中央的蜘蛛一样，苏美尔人能够从中挑选令自己感兴趣的物品；他们开始创造新的事物，他们的一些想法和技巧很快广为流传，对埃及、印度河谷和欧亚

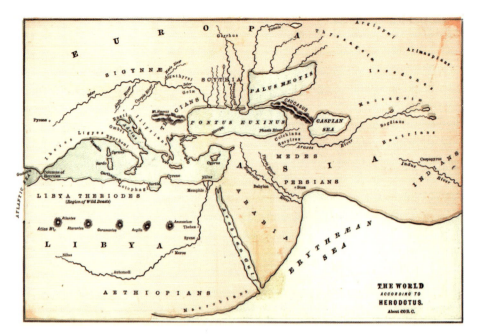

图 2　希罗多德眼中的世界

草原的居民产生了影响。一个文明化过程由此拉开序幕，全人类现在都是它的继承者。[16] 希腊、罗马更是继承者中的佼佼者，将其发扬光大。

　　可以说希罗多德是第一位从整体观察地中海世界的人，他曾广泛游览埃及、小亚细亚、南俄、中东、希腊半岛等地。其足迹北至黑海北岸，南到埃及最南端，东达巴比伦，西到意大利南部，几乎走遍了当时的地中海世界东部地区（图2）。他的记载有很多是通过考察、采访而获得的第一手资料。法国历史学家费尔南德·布罗代尔（Fernand Braudel，1902～1985年）则是近代第一位试图从自然环境和交流与文化交换途径的角度研究地中海历史的人。他在《地中海与菲利普二世时代的地中海世界》（1949年）中认为，地中海沿岸的共同环境条件为人们提供了共同的文化基础。他阐明了山地、平原和沿海低地的生活是如何与跨越欧洲文明和阿拉伯文明的大海联系起来的，并强调海上航道是欧洲经济增长的关键。布罗代尔认为欧洲分为三个部分：地中海地区、欧洲大陆和欧洲第二地中海（即北海和波罗的海，或者统称为北海）。[17]

　　西方早期历史主要集中在亚洲西南部、非洲北部以及欧洲南部的地中海沿岸地区，我们通常把这一地区笼统地称为古代地中海世界，西方古典世界在一定意义上就是地中海世界。当这一地区的历史已经取得辉煌成就的时候，当时并没有所谓的西方文化，这时的欧洲绝大部分地区还是荒蛮之地。古希腊人以德尔斐神庙（图3）为中心，将神庙以东命名为 Anatolia，即太阳升起的地方，以西泛称为宙斯藏匿腓尼基公主 Europa 的地方。[18] 今

图3 德尔斐神庙

天的西方概念已泛化，从苏美尔到希腊，从希腊到罗马，从罗马到欧洲，从欧洲到北美……历史的西方就是这样逐层演化而来。古代地中海是古代泛化的西方世界，是古代世界一个重要的国际社会，更是这一时期重要的文化圈，这一文化圈把当时的楔形文字文化、象形文字文化、印度文化等都容纳在一起，商业和知识交流的网络已经向大范围和多类型的地区扩展。美索不达米亚和埃及可能与从西地中海海岸（或许是新石器时代的欧洲）延伸到苏丹、北印度和中亚的网络有某种接触，这就是某些作者所描写的第一个世界体系。[19]

我们可以把这个世界体系称为古代地中海社会，它所孕育的成熟的文明便是以希腊罗马为代表的古典文明。古典文明可以被定义为一种社会说模式：它在希腊城邦兴起，在地中海盆地传播，在罗马帝国时期到达顶峰，在蛮族入侵阶段逐渐崩解。[20]

希腊学习东方，罗马学习希腊，东方的影响在逐步展开。人们习惯于认为，作为哲学家的西塞罗模仿的是一个已经失传的希腊"来源"，他的文本也都被回译为希腊文，以便更多地了解其所谓的作者的思想。[21] 维吉尔在《埃涅阿斯纪》中通过阴魂向还未出生的罗马人宣称："这里还有其他一些人，我相信有的将铸造出充满生机的铜像，造得比我们高明，有的将用大理石雕出宛如真人的头像，有的在法庭上将比我们更加雄辩，有的将擅长用尺绘制出天体的运行图，并预言星宿的升降。但是，罗马人，你记住，你应当用你的权威统治万国，这将是你的专长，你应当确立和平的秩序，对臣服的人要宽大，对傲慢的人，通过战争征服他们。"[22] 这里的其他一些人指的就是希腊人（图4）。

图 4　萨摩斯岛的赫拉

古典文明的影响建立在其向外传播的基础上，它们的经典被翻译成新的语言和文字，从此获得新的生命力。希腊人借鉴东方的智慧建立自身的求真文化，罗马人吸纳了希腊文化形成了富有特色的实用文化，又不断把文化向欧洲西部、北部推广。后来的阿拉伯人又大量翻译希腊罗马典籍，形成了历史上著名的"百年翻译运动"，文艺复兴时代前又回流到欧洲，对欧洲文化的新生产生极大影响。借用巴赫金的话来说，这是文明之间的"相互激活"。当代西方文明都与希腊罗马所代表的古典文明有关，以致雪莱说："我们都是希腊人。我们的法律、文学、宗教、艺术，全部都可以在希腊人那里找到它们的根。"当然也有人否认古典文明与欧洲文明之间的关系，但这种做法毫无意义，正如想否认耶稣历史性的人一样，要想证明没有耶稣其人比证明有耶稣其人更加困难，历史的耶稣与信仰的耶稣是一体的传承关系，犹如历史的古典文明与再生的欧洲文明的关系一样，古典文明是原创，欧洲文明是变体，是接受前者基础上的不断演变。我们可以通过接受的棱镜去研究希腊罗马古典传统。就古典地中海世界而言，存在着四个重要的传承时代。

地中海世界的四个时代

地中海世界是人类文明的重要舞台，这个世界蕴育了具有海洋属性的古典文明，古代地中海文明发端于两河流域、尼罗河流域等东方文明，希腊人借助古代东方民族的辉煌成就很快形成了所谓的"希腊奇迹"，伴随罗马对希腊事物的介入，又把这种创新精神传播到地中海世界各地，传送到基督时代，到了古代晚期，地中海文明又与日耳曼文明、伊斯兰文明相遇，逐渐铸就了今天的西方文明。

西方学术界自二战以后构建各种世界史研究体系，提出许多理论观念，有从文明交流层面进行论述的，有从边缘中心角度进行研究的，也有从环境视角进行研究的，不断促进人们对历史的深度思考。地中海世界作为世界史的一个重要组成部分自然成为关注的焦点，对其叙述可谓是五彩缤纷，有奇迹说、突变说、外来说等。这些理论各有其合理性，又都有其不足之处，究其根本原因在于要么是过于宏观看待这一地区，要么是过于微观看待这一地区，从全球史的角度来叙述过于宏观，从地方史的角度来叙述就过于微观。

正当的方法应该是审视古代地中海世界的中层理论，即介于全球史与地方史之间的区域史来看待古代地中海世界，这样处理似乎更加符合历史发展的内在逻辑。古代地中海世界每一个具体文明都有很细的历史分期，如果从文化交流、碰撞、借鉴、传播等角度来看，有四个重要时代特别值得注意，这四个时代处于承上启下的位置，有着特别的意义，它们分别是国际青铜时代、东方化时代、希腊化时代和古代晚期。这四个时代是古代地中海世界文化交流最频繁的时代，是社会转型的时代，是文明嬗变的时代，对后世产生了极大的影响。古代希腊罗马文明发展的轨迹也是在这种大环境下逐渐发展、创新的。

图 5　迈锡尼青铜匕首

国际青铜时代

如果说文字的出现则标志着文明诞生的话，在这之前的历史应属于史前社会了。1836年，丹麦考古学家汤姆森（Christian Jürgensen Thomsen，1788～1865年）提出欧洲史前文明的三个时代体系（Three‐Age System）说，即石器时代、青铜时代、铁器时代。后人在此基础上又进行了细化，逐渐演化为：旧石器时代、中石器时代、新石器时代、铜石并用时代、青铜时代、早期铁器时代。这种便于人们从生产工具、生活用具质料的角度来把握史前社会演进的方法，具有较强的科学性，为人们所普遍接受。

通过将铜和锡两种材料混合起来，我们可以获得一种合金青铜，青铜更适于制造生产工具和武器。这种合金替代了石头、陶制品和其他物质。合金的传播是小亚西亚和东地中海区域早期文明和帝国取得发展的决定性因素，这个时代被称为青铜时代（大约公元前3000～前1000年）。[23] 由于青铜时代地中海世界贸易范围非常广泛，对当时的生活产生了强烈的影响，因此又把这个时代称为国际青铜时代（International Bronze Age）。

大约公元前3200年，居住在叙利亚北部和伊拉克的人们开始制造青铜器。这种技术逐渐传遍西南亚各地并传入埃及和欧洲。由于锡矿和铜矿并不总是蕴藏在同一地区，所以商人们从事长途贸易获得冶炼合金的宝贵矿石。他们在进行贸易的同时也在不同民族之间传播了有关青铜制造技术的知识。约公元前1600年，西南亚、埃及、安纳托利亚和爱琴海地区的民族都掌握了青铜制造技术，意味着国际青铜时代来临。[24]

四个彼此独立的地区是如何在政治和文化影响上产生了如此大范围的联系，从而铺就了西方文明的基础，青铜贸易提供了理解这个问题的关键所在。第一个区域是处于埃及人控制下的地区，包括沿着尼罗河的非洲东北部地区和他们所控制的亚洲西南部地区。第二个区域是处在北方的赫梯人控制下的安纳托利亚地区。第三个区域是处于东方的美索不达米亚，包括亚述王国和巴比伦王国。地处西方的第四个主要区域位于地中海东部地区，主要是由克里特岛上的米诺斯和希腊大陆上的迈锡尼发展起来的海上王国（图5）。在地中海东部的边缘地区还发展出了一些小的商业王国，他们作为主要强国之间的缓冲区而存在着。这些不同的文化都依靠从国际贸易网络中获得日常生活所需的金属等货物。他们的统治者鼓励这种交易，因为他们需要青铜去制造新武器，尤其是双轮马拉战车。这种战车花费巨大，因此统治者们不断通过贸易活动和对外征服来获得财富和重要资源。[25]

文字、城市、社会分层、贸易等——所有这些构成文明的要素都在这个时代出现了，并得到传播。因此说国际青铜时代奠定了地中海世界的文明基因。

东方化时代

图6　米洛斯的维纳斯

东方化时代（The Orientalizing Period），是古代希腊文化受东方文化影响的一个时期，时间范围大致是公元前750～前650年，希腊艺术史上几何陶时代（Geometric Period，约公元前1000～前700年）和古风时代（Archaic Period）之间的一个时代，指这一时期的希腊艺术深受东方世界的影响：一是来自美索不达米亚、安纳托利亚的影响，一是来自腓尼基、埃及的影响。早在20世纪初期，人们就提出东方化时代的概念。[26]指这个时期的希腊艺术深受东方世界的影响，主要是因战争、贸易、旅行以及希腊人对东方艺术主题与风格的喜爱而造成的后果。[27]结果这使先前的几何风格时期整洁的艺术手法变得更加有活力，形状也变得更加富有表现力。以人物、动物为主题的画面充满了以往的空洞的画面，并伴有其他装饰性的因素。

大约从公元前700年起，希腊人从他的东方邻居那里学习如何使用铸模来大批量生产泥版浮雕装饰版。这种风格后来被称为代达罗斯风格（Daedalic Style），这是第一次东方化。从公元前640年左右开始，开始了第二次东方化。埃及人的巨大建筑物深深震撼着希腊人，比常人还要大的埃及塑像给希腊人留下了深刻

图 7　纳克索斯岛的迪米特拉神庙

的印象。这时在材料方面也发生了重要的变化，以前希腊人习惯于石灰石、黏土或木材，现在则向埃及人学会了雕刻石头的技巧，开始倾向于使用基克拉迪群岛上的白色大理石了，特别是这其中的帕罗斯岛（Paros）（图 6）和纳克索斯岛（Naxos）（图 7）上的大理石。也就是在这一时期，希腊世界出现了真正意义上的纪念碑建筑物。风格与比例仍旧是代达罗斯风格的。大约在公元前 630 年，首先在岛屿后来在希腊本土，希腊人开始雕刻裸体的、站立式的人物塑像，先前只是在小的艺术品上才可以看到这一风格，这种风格在比例、动作的细节方面都从埃及塑像进行了借鉴。这种与实物大小一样的，或更大的大理石年轻人塑像（kouroi）揭示了希腊人在技巧、风格方面的快速发展：向自然主义风格的快速发展。[28]值得注意的是经过东方化洗礼之后，希腊人形成了自己的特性，并没有被同化，而是大大影响了周边民族。希腊人大约在公元前 675 年[29]在埃及建立的第一个希腊人殖民地诺克拉底斯（Naukratis）非常明显地表明希腊文化在那些更古老民族中的力量。[30]

　　由此我们可以知道，在古代地中海世界，原先就存在过一种希腊因素和东方诸因素相汇合的文化。当然，这种汇合并不是简单的"合并"，双方的关系是互动的，并不是始终一方对另一方一边倒的强势影响，究竟是谁对谁的影响大，是由不同时期各种具体而复杂

图 8 拉斐尔 雅典学院 油画

的因素决定的。诚如论者所言："东方与西方在文化发展方面为各自将要在新联合体中扮演的角色而做准备……当彼此的思想充分地从具体的领域、社会与民族条件中解放出来，采取某种程度的普遍有效性，从而变得可以传播与交流时，文化之间的最佳融合就能实现。于是人们就不再约束于诸如雅典城邦或东方等级社会之类的具体历史事实，因而进入到在形式上更为自由的抽象原则，这些原则可以宣称适用于所有人，不但可学习，而且可以由论证加以支持，更可以在理性讨论的领域内彼此相互竞争。" [31]

也许正是这种相互交流、竞争，最终导致了所谓"轴心时代"（The Axial Age）的出现。这是德国心理学家、哲学家雅斯贝斯（Karl Jaspers，1883 ~ 1969 年）提出的概念（图 8），[32]用来指明古典思想遍地开花，这一时期在地中海中部、新月沃地、印度和中国都出现经典思想。他认为公元前 800 ~ 前 200 年间（一说公元前 600 ~ 前200 年间）在印度、伊朗、巴勒斯坦、希腊、中国等地出现了哲学的突破，人类有了自我意识，精神生活得到质的飞跃。文明基本形态成型，文明早期格局由此而奠定，而且自此以后，人类历史上就再没有出现过这种类似的现象。希腊哲学思想为西方政治打下了深厚的基础，此外，通过柏拉图思想与基督教教义发生了联系，而继承希腊文化衣钵的罗马则把希腊文化加以发扬光大。生活在这一时期的佛陀、孔子奠定了东方思想的两种类型。在

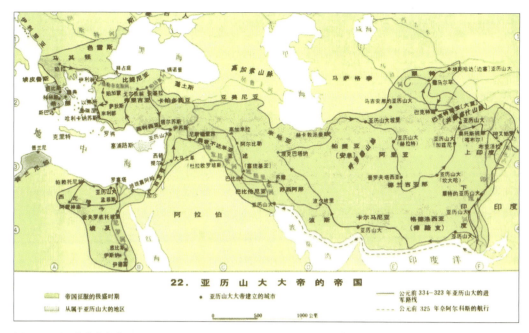

图 9　亚历山大大帝的帝国

中国出现了儒教、道教，以孔子、老子为代表；在印度出现了婆罗门教、佛教、耆那教，以佛陀为代表；在伊朗出现了索罗亚斯德教，以索罗亚斯德为代表；在巴勒斯坦出现了犹太教，以以利亚（Elijah，公元前 875～前 848 年）、以赛亚（Isaiah，公元前 740～前 681 年）、耶利米（Jeremiah，公元前 627～前 586 年）等先知为代表；在希腊则出现了智者运动与各派哲学，以荷马、巴门尼德、赫拉克利特、苏格拉底、柏拉图、亚里士多德、修昔底德、阿基米德等为代表。

希腊化时代

所谓希腊化是指亚历山大大帝（公元前 334～前 323 年）东征后的三个世纪里，古代希腊文明和小亚细亚、叙利亚、犹太、美索不达米亚、埃及以及印度的古老文明相融合的一种进程。时间范围通常认为开始于公元前 323 年亚历山大去世到公元前 30 年罗马吞并最后一个希腊化国家托勒密王朝为止。19 世纪中叶以前的历史学家（近代意义而言）写古希腊史，一般只写到亚历山大东征或最多写到公元前 146 年罗马人毁灭希腊之科林斯从而在希腊确立统治为止，大概是不愿意面对希腊古典文明衰落的这一事实吧！德罗伊森（J. G. Droysen，1808～1884 年）最早改变了这一传统，这位历史学家在 24 岁时就已经沉醉于亚历山大大帝的光辉事业，是他最先揭示出亚历山大大帝对全世界的影响，也是他开创了希腊化时代的历史研究。他的《亚历山大大帝传》（*Geschichte Alexander der Grossen*）于 1833 年在汉堡出版。在这本书里，他所强调的不是亚历山大的破坏方面，而是他的创造方面；他极高地估计了亚历山大个人的作用，倾全力为他的政策辩护；东方与西方之间的相互影响被说成是一个更丰富的历史生活的开端。在写了《亚历山大大帝传》之后，德罗伊森进而研究了他的继承者的命运，于 1836 年在汉堡出版了《亚历山大的继承人》一书。在这本书中，他首先赋予 "hellenism" 一词以新意，认为是 "古希腊政治、教育制度在东方民族中的扩散"，但他忽略了社会经济因素。以后的学术界就采用了这个术语——"希腊化"（图 9）。

德国著名古典学家赫尔曼·本森（Hermann Bengtson，1909～1989 年）说："腓立和他的儿子亚历山大，这两人把马其顿人和希腊人通往世界的大门打开了。马其顿帝国主义伴随着希腊精神一起浸润了整个古代世界。假如没有这两位国王的成就，罗马帝国也好，基督教的传播也好，都是不可想象的。"[33] 是的，希腊化时代是一个伟大的、承上启下的、东西方文明首次大规模交流的时代。疆域的突破、民族的融合、宗教的碰撞、视野的开阔使这一时期出现了众多的思想家、作家、科学家和艺术家；出现了许多新术语、新观念、新思想；所获得的科学技术成就在 17 世纪之前一直是人类文明的顶峰；纯粹学术研究也为近代严格意义上的学术研究打下了坚实的基础；女性的地位也大大提高了，可以接受教育，可以拥有自己的财产，甚至对政治产生了极大的影响。

不过，希腊化时代最伟大的成就是把希腊文化传播到古老的近东各地，传播到新兴的罗马世界。在东方，亚历山大及其继承者建立的众多城市是传播希腊文化的重要据点，城市里建立了大量公共设施，便于各种文化在此传播、融合。为了便于贸易，许多东方人学习希腊语言；为了以示高贵，一些东方人阅读希腊文学；在犹太，上层犹太人修建希腊剧场、体育馆，采纳希腊语言、服饰甚至希腊姓名；在西方，罗马对希腊文化几乎全盘接收，并呈现出新的特质。这一切都有利于打破民族界限，促进文化交流，突破狭隘意识，增加人类的认同感。一句话，产生了人类大同思想，而罗马帝国就是这一思想的载体，并把之传播到近代西方，即 "对和谐的渴望与奋斗，人与人之间的和谐的渴望与奋斗……并宣称世界为一个伟大城市的观念"[34] 是希腊化时代最伟大的成就。

古代晚期

古代晚期（Late Antiquity），指古典时代向中世纪过渡的一个时期，时间大致是公元 250～800 年间，即从罗马帝国开始衰落到拜占庭、伊斯兰、中世纪欧洲社会形成的这段时间。20 世纪早期奥地利艺术史家李格尔（Alois Riegl，1858～1905 年）首先使用这一术语（Spätantike / Late Antiquity），而美国历史学家布朗（Peter Brown，1935～）的著作则使之流行。那些认为中世纪文化的种子已经在基督教帝国萌芽的学者想强调经过戴克里先（Diocletian，1244～1312年）改革后的罗马帝国和早期中世纪之间的连续性，实际上这种连续性已经在拜占庭帝国出现了；同时日尔曼民族如东哥特人、西哥特人认为是自己把罗马传统保存下来的。

古代晚期是古典文明的余晖，也是西方文明发展的转折点，罗马帝国处于激进的社会转型时期。在经历了公元3世纪的内忧外患后，罗马又进行了长时间的政治经济改革，然而，颓势不可避免，到公元5世纪中期，罗马帝国在西欧最终还是崩溃了，统一的地中海时代也随之结束，取而代之是在意大利、高卢、不列颠、西班牙和北非发展起来的日尔曼诸王朝，这些新王朝成为中世纪西欧的根基。

与西罗马帝国相反的是，位于帝国东部的东罗马帝国（又称拜占庭帝国）则维持着统一和繁荣。拜占庭成为这一时期欧洲主要的文化中心，在1453年土耳其人攻陷拜占庭之前，居住在这里的人认为自己是罗马人。东西罗马帝国以不同的方式保存着罗马帝国文化遗产。

这一时期穆罕默德建立了伊斯兰教，这种崭新的宗教文明强调唯一真神的恭顺，坚持每日祈祷，劝人行善。在穆罕默德去世（632年）后的一个世纪里，穆斯林冲出他们的家乡阿拉伯，不断开疆拓土，建立了从中亚经北非到西班牙的庞大帝国。穆斯林虽然排斥基督教，但他们却吸收罗马帝国的组织机构、思想文化。公元833年，哈里发马穆恩（Al-Mamun）建立了"智慧屋"，学术精英纷至沓来，将众多经典翻译为阿拉伯文。正是这个中心雇佣了说希腊语的基督徒翻译亚里士多德的著作，使其得以保存下来，据估计，我们今天看到的所有亚里士多德的著作（除去《政治学》外）都是在智慧屋中翻译出来的。另外这些学者还翻译了柏拉图的一些文章、盖伦的医学论著和新柏拉图主义作者们的许多论文。13世纪，当学者们（如圣托马斯·阿奎那）在巴黎读到亚里士多德的著作时，它们都是由阿拉伯文的手稿转译成拉丁文的，而这些阿拉伯文的手稿正是巴格达学者们的成就。[35]

尽管罗马帝国的三个继承者西欧、拜占庭和穆斯林王朝在地理位置、生态环境、宗教信仰、语言文字等方面存在差异，但它们的文化在实际中却是相互联系的，逐渐开启了西方中世纪文明，古典文明因此通过中世纪一直流传至今。

上述几个时代具有一些共同的特征，如共同的地域，都有实在的地理空间作为载体，都是一种实体，而非想象的空间，而轴心时代则为想象的存在；这些时代是跨时空的，起着承上启下的作用，表达的是时代的发展是连续的而非断裂的；这些概念既非宏大理论，也非以现代民族国家理论研究古代世界的路径，是中层理论，是区域理论，更便于客观地研究这一地区。可以说这四个时代把古代世界或者说古代地中海世界给串起来了，一个重要原因就是这四个时代强调的是社会发展的连续性，不是一种破坏。比如说古代晚期是古典世界向中世纪过渡的一个阶段，这个时期有不同的表述方法，如果你认为它是"中世纪早期"的话，你强调的是一种断裂，如果你使用"蛮族大迁徙"的话，它强调的是一种野

图 10 亚历山大里亚图书馆复原图

蛮,一种破坏,但如果使用"古代晚期"的概念,则强调的是一种连续性。无论如何,历史学家认为罗马帝国转型与延续变化之大,非得创造出"古代晚期"这样一个概念来形容古代世界的结束和中世纪的开始。这四个时代有个共性就是强调连续性,整个地中海文明都是在这个大的框架下发展起来的,所以把这几个时代作为一个整体来讲就有一定的合理性。[36]

　　合理性就在于文明之间的相互碰撞,孕育出新观念、新思想,四个时代莫不如此。通过文明交流而实现创新成为地中海世界的常态,更确切地说,当交流以某种形式进行时,就特别容易带来创新,这种形式可称为"文化移植"。所谓"文化移植"是某种特定的事件,他们促进了文化的革新甚至是转变:在一种文化中发展起来的一整套相互联系的看法、概念和做法被移植到另一种文化中,事实证明,它在后者的土壤中能够结出硕果。[37]比如希腊人在苏美人占星术基础上发展出来的天文学，在埃及人测量基础上发展的几何学，希腊文化移植到埃及所产生的新文化中心——亚历山大里亚（图 10），罗马人对埃及历法的继承等。[38]

古典遗产

西方文明始于地中海，却发端于底格里斯河、幼发拉底河和尼罗河流域，这些大河流域孕育出最初的文明要素：动物驯养、农作物栽培、长途贸易网络建立、城市、王国和集权国家等，并传播到整个地中海世界。公元 1 世纪罗马帝国的版图包括西欧和南欧的大部分、地中海沿岸地区和中东，这些地区已经被认为是西方的核心地带，罗马人把地中海世界的文化边疆大大拓展了。如果把地中海作为一个整体来进行思考，其所产生的古典文明也必定具有一些共同的特征，这些共同特征奠定了现代西方文明的基因。后世的西方在语言、文学、哲学、建筑、艺术、数学、法律、政府等方面无不受其影响，当然这些影响在不同的时代、不同的地区会呈现出强弱不同、趣味不同、好坏不同，但无论如何其根源都可以追溯到古代希腊与罗马。

追求真与美的文化

尽管希腊人向东方学习和借鉴了许多东西，但这并不是说希腊文化是已有文化的延续，而是一种全新的文化，求真的文化，追求自由的文化。雅典人口鼎盛时期约在公元前 431 年伯罗奔尼撒战争爆发前夕，数量约为 25 ～ 27.5 万，而且这个数字除自由人外，还包括奴隶、妇女、儿童在内。[39]这么少的人口在短短时间内创造出如此灿烂辉煌的成就，因此被称为"希腊奇迹"。马克思高度评价希腊艺术，不但能给后人以精神上的享受，而且"就某方面说还是一种规范和高不可及的范本"。创造这一辉煌成就的是古代希腊罗马的奴隶社会，犹如恩格斯所说"只有奴隶制才使农业和工业之间的更大规模的分工成为可能，从而为古代文化的繁荣，即为希腊文化创造了条件。没有奴隶制，就没有希腊国家，就没有希腊的艺术和科学；没有奴隶制，就没有罗马帝国。没有希腊文化和罗马帝国所奠定的基础，也就没有现代的欧洲"。[40]

希腊的神话、史诗一直是后来西方人想象与创作的源泉，希腊雕塑是人们模仿的标本，希腊戏剧后人难以超越，希腊史学的探究精神一直指引着继承者前进的方向，希腊的文艺是后世的典范，希腊的哲学为后来者奠定了范式，希腊的赛会是现代奥林匹克运动的精神来源（图 11），希腊的民主制度更是人们所向往的。而罗马人农民出身，热衷于传统制度，却乐于吸收经验，尊重其他民族，乃至采纳维持社会秩序的一切方法为己所用，罗马人在数量日众的人类中建立起有序的关系，[41]不断延伸古典文明。罗马的政治制度

图 11　掷铁饼者

图 12　佛罗伦萨圣母百花大教堂穹顶

包容了人类的各种政治制度，尤其是帝国的观念更是影响久远；罗马的法律制度十分完备，随着帝国的扩张，逐渐形成了适合所有人的"万民法"；罗马的哲学既继承了希腊的哲学传统，又吸收了东方神秘主义，出现了诸如新柏拉图主义这样的流派，为基督教的出现奠定了思想基础；罗马工程建设成为一种风格；拉丁文成为日后长久的国际语言。

　　中世纪的欧洲教会其实也是保存古代希腊罗马文化的学术中心。教皇利奥三世（Leo III）在公元 800 年为查理曼加冕时心中所期待的是罗马帝国的模式；历史学家蒙默思的杰弗里（Geoffrey of Monmouth，1100 ～ 1154 年）在《不列颠诸王纪》（约 1135 年）中说不列颠是埃涅阿斯（Aeneas）的孙子布鲁图斯（Brutus）建立的。文艺复兴时代全面向往古典世界：建筑学家布鲁内莱斯基（Filippo Brunelleschi，1377 ～ 1446 年）从罗马建筑中获得灵感设计了佛罗伦萨教堂穹顶（图 12）；雕塑家加塔梅拉塔（Donatello，约 1386 ～ 1466 年）的《大卫》取法古典；诗人但丁、彼得拉克的作品无不透露着古典诗歌的痕迹。17 至 18 世纪的西方精英都是在阅读古典文献中成长的，秉持的是罗马共和主义理念"美德维持自由，腐败毁灭自由"，甚至乔治·华盛顿也常在嘴边挂着这句话；法国大革命的政治理念也受罗马的影响。19 世纪资产阶级自由派提倡的是希腊的民主观念（而不是罗马观念），以期进一步扩大其政治权力基础；诸如拜伦 （George Gordon Byron，1788 ～ 1824 年）这类的"爱希腊者"甚至参加了希腊独立战争（1821 ～ 1829 年）；现代奥林匹克运动也恢复了。20 世纪的法西斯独裁者墨索里尼甚至采用了罗马的 fasces（意为"束棒"，是罗马最高长官权力的象征）传统，渴望建立新意大利帝国。

　　现代西方文明和古代希腊罗马之间存在着千丝万缕的传承关系，无论是意识形态、政

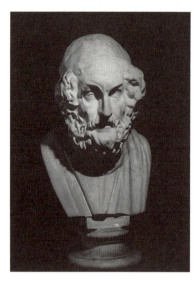

图13 荷马雕塑半身像 意大利那不勒斯美术馆藏

治制度、科学技术，还是文学艺术、历史哲学、审美趣味等方面，都莫不如此。遗产一方面是具像的，是一种实实在在的存在，另一方面又是模糊的，是一种精神遗产，贯穿在文化基因之中，看不见，摸不着，只能体会。古代希腊以人为中心的民主制度是维多利亚时代自由派所追求的；古罗马的帝国时代，其早期历史被誉为共和美德的楷模，已经成为一种符号与象征，其本质在于罗马人所继承并发扬的人类共同体观念。

古典人文主义

"人文主义"一词产生于19世纪，虽然在古典时期没有"人文主义"的概念，但却初步显示出"人文主义"的思想与观念。在人文主义看来，人类是经验的中心和主体；人类经验十分重要，因为经验和经验的结果（知识）能够证实；对经验的认知是一种能力与品质，这使得人类不会屈从于时代；从而赋予了人类生活以尊严等。

希腊人的宗教观念在本质上是人本的，他们对神敬而不畏，把神看作和他们相似的存在，即所谓"神人同形同性"，把自己的欢乐、烦恼、痛苦、悲伤、希望、想象编织到神话故事中。生活于公元前6世纪的哲学家色诺芬尼曾戏谑地讲道："人认为，神也是生出来的，会说话，有形体，穿戴和人相同。假如牛、马和狮子都有手，而且像人一样能画画、雕像，它们就会各自照着自己的模样，马画出或雕出马形的神像，狮子画出或雕出狮子样的神像。"《荷马史诗》实际上也是对人的歌颂，把无限的希望都寄托在人世间。德谟克利特更是发出了"人是万物尺度"的感慨。毫无疑问，人是希腊思想的主流。"希腊人文主义经验若有何与众不同，那就是，在时至今日的记载中，希腊人最为专注和坚定地实践了人类崇拜"（图13）。[42]

希罗多德写道："在这里发表出来的，乃是哈利卡纳苏斯人希罗多德的研究成果，他之所以要把这些成果发表出来，是为了保存人类的功业，使之不致由于年深日久而被人们遗忘。"希罗多德在这里明确告诉听众，他记述的主体是人，探究的是人事；他已经从记神事发展到记人事，把人类历史从神人合一的状态中分离出来；否定神的决定作用，承认人的世俗力量，歌颂人的伟大；反对神化自然现象，探求自然现象背后的真正的原因。从而体现出一种悲天悯人的人文关怀。

修昔底德的《伯罗奔尼撒战争》则没有给神留下什么空间，较希罗多德的人本思想更加彻底，认为伯罗奔尼撒战争的根本原因是人性无限的欲望，"将来也会发生类似的事件……人性总是人性"。在总结科西拉革命的结果时又说："在各城邦中，这种革命引发许多灾难——只要人性不变，这种灾殃现在发生了，将来永远也会发生，尽管残酷的程度或有不同，依照不同的情况，而有大同小异之分。"他相信人的潜力与创造："建立城市的是人，而不是那些没有人的城墙和船舰。"[43]

从摆脱神意到注重人事，从否定神的决定作用到承认人的世俗力量，从反对神化自然现象到探索求真，从朴素的表达到对史家自身修养的重视，"人文主义"理念无不体现在古典作家著述中。发轫于古代希腊文明学的这种"人文主义"深深影响了以后的西方世界，尤其是文艺复兴时期以后的西方世界。

人类共同体

希罗多德被认为是第一个具有世界眼光的史学家，所著《历史》（又称《希腊波斯战争史》）是西方最早的一部"世界史"。作者视野所及，不仅仅是希腊人的方寸之地，而是当时人们所知的广阔世界。他笔下的世界，除希腊本土外，还包括西亚、北非、黑海沿岸、地中海沿岸、意大利等许多地方，笔锋所指遍及近20个国家和地区的民族。而且，他对各民族能做到一视同仁，不抱偏见，认为各民族都有自己的特点，不应彼此歧视。所以，他虽然称赞希腊文化，但也尊重那些"蛮族"文化。正如史学家狄奥尼修斯所说："希罗多德把历史提高到更高和更值得尊重的阶段：他决定写关于不是一个国家，不是一个民族的事情，但是他在自己的叙述中把许许多多的、各种各样的故事，欧罗巴和亚细亚的都结合到一起。"[44]《历史》一书包罗万象，诸如经济生活、政治制度、地理环境、民族分布、风土人情、宗教信仰、名胜古迹等，无所不包，堪称一部有关古代世界的小型百科全书，具有目光远大、胸襟开阔、通贯古今等特点，产生了深远的影响。

但是，希罗多德眼中的世界历史是其所叙述的主题——希腊波斯战争史的背景。他认为这场战争是对当时具有深远影响的"世界"战争，而要了解这场战争的意义，就必须记述它的舞台——"世界历史"；其次，希罗多德心目中的世界只是一个地理意义上的世界，促使他把各地区的历史都结合到一起来撰写的，仅仅是一种地理上的统一性观念。这种统一性的认识并不是一种历史的认识，即他还没有认识到历史发展的统一性，所以他撰写的只是地理统一性的世界史，而非历史统一性的世界史。因此，希罗多德的"世界史意识"是非自觉的。希腊古典时代是城邦时代，没有世界的观念，因此也没有真正意义上的世界史。随着希腊化时代的到来，城邦制的没落，世界历史开始出现。"世界历史"的意义和关键其实不在于"世界"的呈现而在于揭示其相互间的"联系"。

亚历山大帝国的建立在客观上促进了希腊和东方各民族之间的经济往来和文化交流，希腊人对世界的认识由地理上的观念上升到历史上的观念——把整个世界作为一个统一的历史单位——这是希腊化时代史学一大杰出成就；这种统一性的观念还表现在历史意识上。希罗多德时代的历史意识主要是希腊人与野蛮人（非希腊语民族）之间的敌对意识，而希腊化时代的历史意识，就变成了希腊人和野蛮人之间进行合作的意识。在合作中，希腊人带头，野蛮人步其后，共同继承希腊文化，都是希腊历史意识的继承者。[45]在随后罗马征服世界的过程中，人们就更加强了这一自觉认识：人类的历史是统一的，是一个共同体。这种观念的突出代表就是波里比乌斯。

希腊人在史学上的探索精神和开阔视野，在波里比乌斯那里再次得到延续。他跟随罗马军队东征西讨的经历，使他对罗马世界所及的广袤地理范围有所了解，并能够观察到随着罗马历次征战的进展，世界已逐渐联系为一个整体："可以说，先前的世界大势是分散的，这是因为各地的局势是由不同的动机、原因或地方性造成的；但在今天这个时代，历史可以说已成为一个有机整体，意大利和利比亚的局势与亚洲和希腊的局势密切相关，所有各种事情，最终只归于一个结局。"[46]他认为自己做的是一件迄今还没有人做过的事，而他是第一个把历史学设想为一种具有普遍价值的思想形式的人。在他看来，分析个别的历史事件作用甚微，只有把它们联系起来，并放在世界通史中来考察，它们才显示出意义。在这里我们无疑会注意到这样一种史学思想：所谓的"世界历史"的关键并不在于它是否谈论了"世界"，而在于它是否在这"世界"之中建立起各个部分之间的联系。他说："只有将各事件与总体之间的千丝万缕的联系一起揭示出来，指出其相似点与不同点。才有可能认识世界的全貌。"通过考察发生在世界各地的事件，便可以看到人类社会走向统一的过程，他渴望在叙述罗马兴起的过程中涵盖整个世界。[47]"波吕比乌斯……没有用他自己的作品来描述一下特定的事件、一场战争，或者众多战役，或者像希腊或波斯这样的一个单一的民族，他第一次用一种'整体'的视角来撰写一部世界史，在这样的模式之下，运气造就了特定的事件，正因为这样，他的这部著作不同于之前的历史著作。希罗多德的《历史》是亚洲和欧洲之间神话冲突的延续过程；修昔底德的《历史》用过去描写了希腊历史内部发展的一个阶段；波吕比乌斯的《历史》描写了一个形成期的世界，应试图根据过去的经验预见将来的发展"。[48]

因此，他要为人们写一部"系统的历史"。因为在他看来，只有世界史，才能对罗马崛起为世界强权做出充分的研究。[49]他自诩道："使我的著作具有特殊的品质的原因，并成为当今最引人注目的作品的原因，正在于此。"[50]波里比乌斯指责那些仅通过历史教育和坐在图书馆里撰写历史的学者，缺乏对世界整体的了解和认识，"我的同时代人中没有哪一个业已动手写一部通史"。[51]虽然波里比乌斯以追述罗马统一为首要目的，他的目光主要是罗马世界所波及的地理范围，但这就是他那个时代眼中的世界。而且，他内心的动机非常明确，即撰写一部世界史，透视一个彼此相互关联的世界，"因而他被学界视为撰述世界性历史的创始者"。"此后，在西方古典史家中，继续尝试写世界史的还有波息多尼阿、狄奥多洛斯等人"。[52]

波息多尼阿（Posidonius of Apameia，约公元前135~前51年）续波里比乌斯之《历史》，上起自公元前144年，下迄公元前82年。狄奥多洛斯撰《历史文库》（40卷，现存前5卷和第11、20卷的片断），记述北非、两河流域、黑海沿岸、阿拉伯、希腊、罗马等地的整个古代世界的历史，但中心是希腊文明史。同狄奥多洛斯一样，尼古拉（Nicholas of Damascus，公元前1世纪）也著有《世界史》，不过是编选各家的记载而已，也非独创之作。由此可见，后来的这些撰述不是以作者的生活地区为中心的目光狭隘的著作，而是通史意义上的历史著作，虽然其中一些是缺乏融会贯通的、不可与波里比乌斯著作比拟的史料汇编。[53]古典世界真正能体现波里比乌斯精神的通史著作要到罗马帝国时代才出现，如李维的《罗马史》、阿庇安的《罗马史》、阿米安乌斯·马赛利努斯[54]的《罗马史》是其中杰出的代表。不过，这已是另一个话题了。

罗马人是第一个同时也是最后一个把地中海沿岸地区统一在一个政权下的民族，并把这个大帝国维持了好几个世纪之久，这是他们最伟大的历史功绩之一。[55]

"文明抑或文化，不管我们选用什么样的字眼来称呼它都不会影响到这一认知——它是对各个民族国家内在发展最有影响的动力之一"，[56]文明是人类区别于动物的标志。西方文明源远流长，海纳百川，不断更新，气象万千，其源头是所谓的"两希"文明：西方的古希腊文明和东方的希伯莱文明。伴随古典世界的终结，进入中世纪融入的是日耳曼文化和伊斯兰文化。经基督教文明长期统治，随着资本主义经济萌芽的出现，出现了影响深远的文艺复兴与宗教改革，随后17世纪的科学革命，18世纪的启蒙运动，19世纪的学科体系时代，西方文明臻于成熟。伴随这一过程的地理大发现与新航路的开辟，则促成了西方殖民扩张，西方文明在世界各地不断扩展。但20世纪上半叶的两次世界大战使西方文明面临诸多挑战，出现了"西方的衰落"这一悲观情绪。战后西方社会的快速发展出现了价值多元化的倾向，自由主义、存在主义、现代主义、后现代主义、解构主义、后解构主义等现代西方思潮反映了现代西方文明躁动不安的一面。西方文明究竟走往何处，永远是一个谜！但无论如何，最终都会追溯古典传统，借用哲学家怀特海的"两千五百年的西方哲学只不过是柏拉图哲学的一系列注脚而已"来说，西方文明史只不过是一部古典传统之不断展开的、永不停歇的华丽乐章而已。

（作者系上海师范大学人文与传播学院教授）

〔1〕 Christopher Dawson, *Understanding Europe*, New York: The Catholic University of America Press, 1960, p.22.

〔2〕 拱玉书、刘文鹏、刘欣如、李政、王以欣：《世界文明起源研究：历史与现状》，昆仑出版社，2015 年，第 2 页。

〔3〕 Lynn Hunt, Thomas R. Martin, Barbara H. Rosenwein, Bonnie G. Smith, *The Making of the West Peoples and Cultures*, Bedford/St. Martin's, 4 edition, 2012, p.7.

〔4〕 阿诺德·汤因比著，乔戈译：《希腊精神：一部文明史》，商务印书馆，2015 年，第 5 页。

〔5〕 但也有人持不同意见，比如英国古典学家康福德（F. M. Cornford，1874 ~ 1943 年）就认为"希腊哲学的来源被假设是'借来的'和'受影响的'。在 19 世纪人们做了不止一次的努力来证明希腊人从东方'借来'智慧；但东方主义者们……被打垮了，直到现在才开始重新抬起头来"。见康福德著，曾琼、王涛译：《从宗教到哲学：西方思想起源研究》，上海三联书店，2014 年，第 2 页。

〔6〕 Charles Freeman, *Egypt, Greece, and Rome: Civilizations of the Ancient Mediterranean*, 3 edition, Oxford University Press, 2014, p.31.

〔7〕 希罗多德著，王以铸译：《历史》，商务印书馆，2005 年，第 133 页。

〔8〕 瓦尔特·伯克特著，唐卉译：《希腊文化的东方语境——巴比伦·孟斐斯·波斯波利斯》，社会科学文献出版社，2015 年，第 2 页。

〔9〕 雷海宗著，王敦书整理：《世界上古史讲义》，中华书局，2012 年，第 75 页。引文中的译名有改动，以适合当下阅读习惯。

〔10〕 罗宾·奥斯本著，胡晓岚译：《古风与古典时期的希腊艺术》，上海人民出版社，2015 年，第 66 ~ 66 页。

〔11〕 亚当·斯密著，石小竹、孙明丽译：《亚当·斯密哲学文集》，商务印书馆，2016 年，第 234 页。

〔12〕 哈蒙德著，朱龙华译：《希腊史》，商务印书馆，2016 年，第 138 页。

〔13〕 Lynn Hunt, Thomas R. Martin, Barbara H. Rosenwein, Bonnie G. Smith, *The Making of the West Peoples and Cultures*, Bedford/St. Martin's, 4 edition, 2012, p.28.

〔14〕 William H. McNeill, Jerry Bentley, David Christian, eds., *Berkshire Encyclopedia of World History*, vol. 5, 2nd Ed., Berkshire Publishing Group, 2010, p.2284.

〔15〕 芒福德著，宋俊岭、倪文彦译：《城市发展史——起源、演变和前景》，中国建筑工业出版社，2005 年，第 33 页。

〔16〕 William H. McNeill, Jerry Bentley, David Christian, eds., *Berkshire Encyclopedia of World History*, vol. 5, 2nd Ed., Berkshire Publishing Group, 2010, pp.2426 ~ 2427.

〔17〕 William H. McNeill, Jerry Bentley, David Christian, eds., *Berkshire Encyclopedia of World History*, vol. 4, 2nd Ed., Berkshire Publishing Group, 2010, p.1862.

〔18〕 陈村富：《今天为什么还要学习古希腊哲学》，刊《探索与争鸣》2016 年第 7 期，第 120 页。

〔19〕 William H. McNeill, Jerry Bentley, David Christian, eds., *Berkshire Encyclopedia of World History*, vol. 5, 2nd Ed., Berkshire Publishing Group, 2010, p.2261.

〔20〕 威廉·麦克尼尔著，盛舒蕾、宣栋彪、董子云译：《西方文明史手册》，浙江大学出版社，

2016 年，第 34 页。

〔21〕　克里斯托弗·罗、马尔科姆·斯科菲尔德著，晏绍祥译：《剑桥希腊罗马政治思想史》，
商务印书馆，2016 年，第 454 页。

〔22〕　维吉尔著，杨周翰译：《埃涅阿斯纪》，上海人民出版社，2016 年，第 216 页。

〔23〕　William H. McNeill, Jerry Bentley, David Christian, eds., *Berkshire Encyclopedia of World History*, vol. 4, 2nd Ed., Berkshire Publishing Group, 2010, p.1663.

〔24〕　有不同的说法，如公元前 3100 ~ 前 1200 年间的说法。见卡根：《西方的遗产》，上海
人民出版社，2009 年，第 15 页。

〔25〕　布赖恩·莱瓦克、爱德华·缪尔等著，陈恒、韩翔、李月等译：《西方世界：碰撞与
转型》，格致出版社，2013 年。

〔26〕　一般认为，随着考古学的发展，促使许多学科取得了很多成就，东方化时代就是希腊艺
术史领域内出现的一个概念，后来这个概念才逐渐引入到其他领域。笔者查了许多材料，
难以查考是谁最早提出这一概念的。以笔者目前所掌握的材料来看，应该是英国学者霍
尔（Harry Reginald Hall，1873 ~ 1930 年）在 *The Oldest Civilization of Greece: Studies of the Mycenean Age* 一书中提出的（London: David Nutt Philadelphia: J. B. Lippincott Co. 1901, p.43）。现在史学界也越来越多地使用这一概念了，比如英国学者 Oswyn Murray
的 *Early Greece*（Glasgow, Fontana Press，1980 年第 1 版，1993 年第 2 版）一书的第 6 章
就名为 "The Orientalizing Period"。

〔27〕　Laurie Schneider Adams, *Art across Time*, Mcgraw-Hill College, 1999, p.142.

〔28〕　参 *Encyclopædia Britannica*，"Western Sculpture" 辞条。

〔29〕　参 *The Crystal Reference Encyclopedia*，"Naukratis" 辞条，Quotations Ltd.，2005。

〔30〕　参阅 Alan E. Samuel, *The Greeks in History* 书中第一章 "We Know How to Be Greek".
Toronto: University of Toronto Press, 1992.

〔31〕　约纳斯著，张新樟译：《诺斯替宗教：异乡神的信息与基督教的开端》，上海三联书店，
2006 年，第 2 页。

〔32〕　参雅斯贝斯著，魏楚雄、俞新天译：《历史的起源与目标》，华夏出版社，1989 年，
第 7 ~ 8 页。值得注意的是，余英时认为这个概念 "并不是雅斯贝斯个人的新发现。他
的真正贡献毋宁是把问题提得更尖锐、更集中。……雅氏的新说法基本上是在韦伯（Max
Weber）的比较宗教史的基础发展出来的"。余氏随后又说闻一多早在 1943 年发表的《文
学的历史动向》就描述过雅氏的这一 "轴心突破" 现象，比他早 6 年。详见余英时：《轴
心突破和礼乐传统》，刊余著《现代儒学的回顾与展望》，生活·读书·新知三联书店，
2004 年，第 392 ~ 413 页。

〔33〕　H. Bengtson, *Philipp und Alexander der Grosse*, Munich, 1985, p.7.

〔34〕　G. Murray, *Hellenism and the Modern World*, Boston: Beacon Press, 1953, pp.56 ~ 57.

〔35〕　劳伦斯·卡宁汉姆、约翰·赖希著，毛保诠译：《世界人文简史——文化与价值》，中国
青年出版社，2005 年，第 194 ~ 195 页。

〔36〕　晏绍祥、金寿福、黄洋、张巍、裔昭印、陈恒：《古代文明研究前沿问题与方法》，刊陈恒、
洪庆明主编：《世界历史评论》，上海人民出版社，2014 年。

〔37〕 弗洛里斯·科恩著，张卜天译：《世界的重新创造：近代科学是如何产生的》，湖南科学技术出版社，2012 年，第 33 页。

〔38〕 "埃及人研究星辰的运行，但他们的天文学并不很发达，其天文学主要关心的是占星术和历法。埃及在这一领域的持久贡献是其日历本身，祭司们用这部日历来主持宗教仪式和节庆。他们将一年分成 12 个月，每个月 30 天，每年年末另有 5 天闰日。这部日历每年循环的起点是 9 月 21 日，也即秋分。后来，罗马人采用了埃及历法，每年分成 12 个月，一年 365 天，罗马人的历法传到了现代"。见罗伊·马修斯、德维特·普拉特、托马斯·诺布尔著，卢明华、计秋枫、郑安光译：《人文通识课 I：古典时代》，世界图书出版公司，2013 年，第 28 页。

〔39〕 芬利主编，张强、唐均等译：《希腊的遗产》，上海人民出版社，2004 年，第 12 页。

〔40〕 恩格斯：《反杜林论》，刊《马克思恩格斯选集》第 3 卷，人民出版社，1971 年，第 220 页。

〔41〕 维克多·沙波著，王悦译：《罗马世界》，格致出版社，2015 年，第 1 页。

〔42〕 阿诺德·汤因比著，乔戈译：《希腊精神：一部文明史》，第 10 页。

〔43〕 修昔底德著，谢德风译：《伯罗奔尼撒战争史》，商务印书馆，1985 年，第 556、237、18 页。

〔44〕 希罗多德著，王嘉隽译：《历史》，商务印书馆，1959 年，第 162 页。

〔45〕 宋瑞芝、安庆征等著：《西方史学史纲》，河南大学出版社，1989 年，第 47 页。

〔46〕 Polybius, *The Histories of Polybius*, Vol.1, Loeb Classical Library, 2010, p.3.

〔47〕 凯利著，陈恒、宋立宏译：《多面的历史》，生活·读书·新知三联书店，2003 年，第 55 页。

〔48〕 沃格林著，谢华育译：《希腊化、罗马和早期基督教》，华东师范大学出版社，2007 年，第 157 ~ 158 页。

〔49〕 *The New Encyclopedia Britannica*, 15th edition, Vol.9, London, 1994, p.576.

〔50〕 Polybius, *The Histories of Polybius*, Vol.1, Loeb Classical Library, 2010, pp.9 ~ 11.

〔51〕 Polybius, *The Histories of Polybius*, Vol.1, Loeb Classical Library, 2010, p.11.

〔52〕 张广智：《西方史学史》，复旦大学出版社，2010 年，第 67 页。

〔53〕 如狄奥多洛斯的《历史文库》，此书在时间上虽起自远古，但由于作者缺乏把握各事物之间的联系的能力，未能做到融会贯通，故它不是真正意义上的通史性著作，而是割裂各国编年史编撰而成的世界编年史。

〔54〕 有关论述见王晴佳：《西方的历史观念——从古希腊到现代》，华东师范大学出版社，2002 年，第 36 页。

〔55〕 詹金斯著，晏绍祥、吴舒屏译：《罗马的遗产》，上海人民出版社，2002 年，第 4 页。

〔56〕 列奥波德·冯·兰克著，易兰译：《世界历史的秘密：关于历史艺术与历史科学的著作选》，复旦大学出版社，2012 年，第 335 页。

神圣与世俗

——在古代和中世纪的星空下

朱孝远

在我们的生活中，总有两个东西与我们相伴。一个是神圣，另一个是现实。神圣代表着我们的心灵理想，它高于我们的现实存在，是我们想要努力实现的。不过，因为理想往往要高于现实，常常会引起人们"知难而进"或"知难而退"的困惑。有哲人说，要解决这个矛盾，要么是降低你的理想，要么是增强你的能力。然而，因为理想永远是高于现实的，在理想与现实之间就会有一个"虚空"存在。既然这个"虚空"很难突破，那么，人的受挫就是必然的。在古代和中世纪的历史中，现实的一面常被说成是世俗的，而理想的一面常被说成是神圣的。如此一来，理想与现实就被诠释成了宗教与世俗。即便几无可能超凡入圣，至少我们还是能够仰望星空：那个造物主的世界，彰显出了大能、永恒和一切美好。

在古代埃及人那里，这种理想的追慕，或者说，这种对于自己局限性的超越，表现为竭力让生命延续。周施廷指出"在埃及人的世界里，人的灵魂从来不会死亡，因此也就必须把人的身体保存好，因为此生结束后还有一个来生，而这个身体是在另一个世界不可或缺的载体，因此葬礼和木乃伊取得了全面的发展"（图 1）。[1] "埃及人相信，人由六大元素组成：三种世俗元素（身体、姓名和影子）和三种超世俗元素（ka、ba 和 akh）。卡（Ka）是一种精神力量，在死后与躯体结合；巴（Ba）和心脏有关；而阿克（Akh）则代表了灵魂。制作木乃伊和在木棺上加上肖像画的目的是为了确保卡能够认出躯体，重新回来。所以为了这个目的，一方面死者的外观必须保存得十分完美，另外，肖像画也必须能够体现死者的一些面貌特征"。[2]

这种从远古原始宗教中脱胎出来的独特构思，首先赋予了埃及法老接天通地的超凡能力。约翰·沃尔克告诉我们：在埃及，"法老是光明之神荷鲁斯（Horus）的化身，死后

图 1　捕禽图
古埃及陵墓画，主人翁为古埃及的达官内巴蒙；古埃及人认为：人的灵魂是永世不
灭的，死亡意味着人的灵魂将去冥界经历一次冒险，如果能够平安回来，他的灵魂
就会再次回到身体上，人就能复活

与冥王俄西里斯（Osiris）同体。君王的身上交织着尘世和超凡的成分"。[3]对这类幽明
沟通的爱好也迅速地波及法老的亲戚和其他显贵那里，旧王国时期，那些与国王本人有某
种关系的达官显贵们得到允许，可以将私人肖像作为墓室雕塑，以示皇恩。沃尔克告诉
我们："每尊塑像上都铭刻着像主人的姓名和官阶。从而，这尊塑像就可以识别了。不
仅仅因为它与被刻画者看起来相像，还因为上面镌刻的姓名。埃及人认为，写名字，即'使
名字永生'是头等大事。因为只要姓名活着，人也就活着。"[4]肖像都按照各人的意愿
来制作，"要么复现他年轻力壮的形象；或以其年高德重时的睿智形象为原型"。[5]周
施廷对此进行分析，认为："只要姓名活着和最满意的肖像被安置在墓室，人就可以在另
一个世界里很好地生活。正如铭刻在每尊塑像上千篇一律的铭文：'此乃国王惠赠冥神俄
西里斯之礼。愿他将面包和酒、鸡鸭鱼肉及所有宝物赐予。'"[6]

　　正如周施廷所指出的那样，对于埃及人来说，死亡并非灭绝，而只是人去另一个世界
生活。更为重要的是，姓名和肖像，作为与冥王同体的法老赠予冥王的礼物，确保了那个
在幽明两界中生活着的人，乃是同一个人的延续。这个人，无论他是在人间还是在冥界，
不仅都需要有灵魂，同时也需要有躯体，因为在埃及人的观念里，这两者是不可分离的。
即便是在冥界，他也必须吃喝，因此才需要有冥王慷慨赐予的面包、酒和鸡鸭鱼肉。"更
进一步说，木乃伊肖像画是作为沟通幽明两界的中介物而存在的，真正的绘画特质，因此，

不是要去反映人间或冥国任何一方中的图景，而是要去揭示生死转换中的延续，即流动着的永恒。结果，埃及绘画特质真正独特的地方，不在于如何把握纯粹的线条或色彩，而在于如何最恰如其分地揭示那漂浮在生死转换神秘之海上的永恒精神。换言之，这种幽冥的交往始终是存在着的，活在人间的人因其在家内悬挂今后将被送到墓室中的肖像而倍感幽明交汇；而那些进入冥界的人，因其精神和躯体具存，加上有活着的名字，栩栩如生的肖像画，以及更为重要的，那与冥王同体的法老的认定，他的身份认同和生活延续，将是毫无问题的"。[7]

在古代希腊人那里，生命的延续并不是主题，在这里，突出的要点是发挥人的能动性，通过英雄的超凡意志，让人进入神圣世界。尽管宇宙是以雷电之神宙斯为首的奥林匹亚山十二主神掌控的，但俗世的英雄也能够突破人的局限，超凡入圣，进入到天宇之中与神交接。自上而下的神的照顾和自下而上的英雄奋斗共同组成了一幅灿烂图景，映衬出希腊人超越凡俗的英雄气概。

希腊艺术的显著要素塑造了唯美主义的神像。希腊的男神雕像，展示的就是英雄向生命的极限挑战的伟大气概。具有超能力的英雄在转瞬即逝的冒险中心甘情愿地承担风险，他们对于理想的忠贞激起了艺术家们采用最为大胆的艺术手法来为他们表述。以波塞冬青铜像（阿尔泰米西翁，公元前470年，雅典国家博物馆藏）为例，波塞冬真人大小，全身肌肉绷紧，两手向左右外伸，作投掷战斗状。这种在大理石像中不可想象的造型，却以青铜像的方式得以完美实现。正是出于这个政治原因，希腊雕刻不仅以描绘宙斯、波塞冬、阿波罗等神灵的英俊为主，也以突显阿芙洛狄忒、雅典娜、赫拉的美丽著称。希腊艺术以神像为描述对象且又必须把神像雕刻得精美绝伦的谜团，在这里得到了一种解释。"神像"是全体希腊人心中的国家的象征，雕塑无数的"神像"，实际上就起到了一种用文化把整个希腊统一起来的作用。

讴歌神灵的唯美主义，在女神的雕像那里得到充分展现。希腊作家卢奇安对艺术家勒谟诺斯所雕刻的雅典娜像作过精彩描绘，说那个雕像集中了一切艺术、一切想象而形成的超凡的、理想类型的美。他说这幅画其实是出自理性女神之手，她开始工作了，"首先拿着克尼多斯的舶来品，只摘下头部，其余都不要，因为这个雕像是裸体的。头发，前额，双眉都保留普拉西忒里的原作；眼睛，这双秋水似的眼睛，也原封不动。但是双颊和面型就取材于'花园美神像'，还有纤手的线条，完美的手腕，春笋似的手指。斐狄亚斯和勒谟诺斯的'雅典娜像'提供脸部的轮廓，端正的鼻型，温柔的双颊，也塑造她动人的粉颈，樱唇微合，像他的'亚马孙像'。卡拉密斯赐给她'济世女神像'的娴婉的秀气，似笑非笑的表情，贴切合身的衣服，只是头上不戴面纱"。为了进一步衬托出她的容貌和涵养，还要注意"应黑的黑，应白的白，应红的微红"，以便绘出"她'象牙色中带淡红'和恬静的'明眸'"。经过这样的形式处理，这件作品就接近诗意了，于是"忒拜诗人可以帮助她给眼睛渲染'紫罗兰'的色泽。荷马渲染她的微笑，她的玉臂，她的玫瑰色的指甲，形容毕肖"。至于她的比美丽更加动人的高尚、智慧、仁慈、温柔、雅量、娴静、才华，以及"妩媚的姿态"，"天姬嫦娥似的风度"，就要靠充满诗情画意的遐想了。卢奇安最后的结论就是："只有肉体美和精神美互相结合时，才产生真正的美。"[8]

希腊艺术尽情讴歌能征善战的希腊英雄。在著名的《掷铁饼者》（米龙，约公元前460～450年）中，米龙创造了运动的典范，被艺术史家称为"那是快速运动中的肌肉收缩和放松的结合，这件作品在对立的平衡中找到了和谐的原理"。[9]这是力和紧张与自然主义风格的完美统一，无疑是希腊男性雕像中最具特色的代表作。当掷铁饼运动员刚要把铁饼掷出去的那个刹那，动人心弦的激情却凝固了，因而丝毫不缺乏稳定感。艺术史学家苏珊·伍德福特对此作如下评价：这是一个无声的瞬间，然而在我们心里却因激励而产生了去完成这一动作的欲望。还有什么可说的呢？艺术不仅是力度和紧张的张狂，它还透过表象而进入到了生命脉动的执著之中。在人的力量得到深刻表现时，强力和紧张感已经退居第二，因为英雄是太知道怎样激起强烈的梦想的，在他所追求的理想中，沉着和稳定正是在生命极限中赢得胜利的保障。

崇尚"超凡入圣"的希腊与追求"灵魂不朽"的埃及由此表现出了差异。两者的区别显而易见：前者强调的是现实世界中人生命力的极限，后者却具有浓厚的宗教宿命思想。因此，当埃及人强调灵魂不死精心制作木乃伊时，希腊人却坦然面对死亡——他们视死亡为哲学，用来震醒自己的生命力。当埃及人力图建造极其坚固的金字塔时，希腊人却雕刻了举世无双的美丽人体雕像。希腊的这种追求理想境界的精神情操对它的建筑风格也不无影响：无论是希腊立柱加横梁的神庙和它们的装饰，还是普通的民居，都保持着自然、庄重的现世风格。奥林匹斯神庙（公元前465～前457年）门廊上浮雕的形象是那么英雄主义和充满活力的；阿特拉斯安详地带给了赫拉克勒斯金苹果，赫拉克勒斯的保护者、女神雅典娜在背后用手镇静而沉着地帮助英雄。在神庙排档间饰中有英雄与牛精搏斗的壮烈场面，有英雄与半人半马的怪兽的格斗，也有朴素却有生气的河神像。所有这一切，都在告示我们：生活在奥林匹斯山上的诸神是非常入世的，他们不仅是理想化的英雄表述，也是不断与各种艰难险阻进行斗争的希腊人的真实生活反映。

然而，因为希腊政治上的四分五裂，导致了希腊英雄主义的悲剧色彩。普鲁米修斯为人类盗取天火后却遭遇天罚。荷马的英雄阿伽门农把自己的女儿献祭了海神才得以渡海。另一个英雄阿基里斯有着超乎普通人的神力和刀枪不入的身体，在激烈的特洛伊之战中无往不胜，取得了赫赫战功。但就在阿基里斯攻占特洛伊城奋勇作战之际，站在对手一边的太阳神阿波罗悄悄一箭，使他死于非命。想出木马计的奥德修斯赢得胜利，却因一位属下不慎打开风袋，导致继续漂泊十年，不得回家。唯美的和平呼吁与悲剧的英雄呐喊构成了古代希腊的两极，既突显了俗世与神界的差距，又反映出人类企图依靠自己的力量改变命运的气概（图2）。

与古代埃及、希腊不同，在中国，"天人合一"是一个很早就被确定了的传统。天人

1.赫拉克勒斯　　　　2.阿塔兰忒　　　　3.阿喀琉斯　　　　4.帕尔修斯

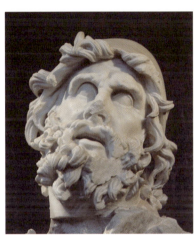

5.忒修斯　　　　　　　　　　　　　　6.奥德修斯

7.伊阿宋　　　　8.柏勒洛丰　　　　9.俄耳甫斯　　　10.卡德摩斯

图2　古希腊神话中的十大英雄
其雕像的造型中均表达出希腊的英雄主义

图3　清　禹之鼎　幽篁坐啸图　山东省博物馆藏
深山幽林，流泉淙淙，徜徉在苍松怪石之中，洒脱俊逸，身携古琴一
张，与自然天地为友，反映中国的天人合一

之间的一体性表现在两者都服膺于一个共同的目的：缔造一个美丽和谐的世界。当世界出现某种不足时，不仅是神，而且人类也将自觉担负起"补天"的责任。在远古的某一天，世界变得可怕，来势汹汹的洪水让每个人的心中都充满了绝望。一个勇敢的妇女挺身而出，她带领我们的先辈治理了泛滥的洪水。她精疲力竭，终于倒下，但是那倾泻罪恶的"天眼"也被她用生体堵住。她有一个美丽的、音乐般的名字"女娲"，这个名字之中蕴藏着一种巨大的力量，是永恒的明镜，从此高悬在中华文化的顶端。中华民族从此开始了一种以精神生活为生活激情的方式，在女娲的自我解体中，被大水卷成混茫的人们开始清澈了。

中华民族的每个分子都在向这面无私的旗帜靠拢。一批又一批古代科学家投入其中，著名的有大禹治水，后羿射日，愚公移山，精卫填海，共工怒触不周之山。就这样，一个远古的人类家园模模糊糊地呈现出来了。富有创造力的科学家被奉为中华民族的英雄。每一个这样的人物背后都有史诗，每一页这样的史诗之中都有精神的神秘转化。在这里，人的努力与神的意愿是统一的，例如愚公移山的精神得到上天的肯定，上天帮助愚公把山搬走。中华民族文化认为：人是有根基的，这个根基既属于自我又属于宇宙，天人合一，才算真正体现了人类与天命契合的伟大精神。

中国人敬天、补天，认为天是令人崇敬的一个更高的存在。人反观自己，更反观天。中国的山水画反映的是意境美，人常常被画得很小，但却与天、地、山、水同在，这就造成中国的艺术上的抽象：大音希声、大道无术、大爱无疆，以至于无招胜有招（图3）。苏轼在《书黄子思诗集后》中说："予尝论书，以为钟、王之迹，萧散简远，妙在笔墨之外。" [10] 他以为钟繇、王羲之的书法萧散简远，已臻化境，这和他激赏王维的画、

图 4　圣加尔修道院
天主教会的上帝之城

图 5　路德张贴《九十五条论纲》
对上帝之城和人间之城进行重新界定

陶渊明的诗是一致的。苏轼在《和陶诗序》中说："吾于诗人无所其好，独好渊明之诗。渊明作诗不多，然其诗质而实绮，癯而实腴，自曹、刘、鲍、谢、李、杜诸人，皆莫及也。"[11] 对于陶潜，苏轼可以说是倾佩之至了。苏轼的这些话，大概是"寄托遥深"的，不能单以激赏闲适平淡论之。天下物之进化，大多都有一个"由简至繁"的开始，却有一个"从繁至简"的收场。徐梵澄《〈佛教密宗真言义释〉序》中说："以一般进化通例而言，简朴者在前，复杂者居后。如陶在瓷先，铁居铜后，皆有实物可证。由是可以略略窥见初民简单生活的情形。"[12] 不过，人最后还是会回归于简约的，乃至于对"大音希声"、"意在言外"情有独钟。简朴在开始，至简在事末，一头一尾，是两大境界。

　　真正从宗教层面上来看待世俗与神圣关系的是罗马帝国瓦解后的基督教信仰时代，其坚定的信念就是要在人间建立起以教会为统领的"上帝之城"。公元 476 年西罗马帝国解体，日耳曼人在欧洲建立了十来个小王国，但是，这些王国还比较落后，仅处在部落制度向国家转型的时期。政府统治靠的是以国王为核心建立起来的私人政治网络，没有固定的疆域，政治分裂，地方割据，也没有完善的政府机构。更为致命的是公私不分、以权谋私的现象十分常见，公权力常被用来服务于私人利益。在这样的乱世局势下，天主教会获得了独立发展的机会，禁欲赎罪、行为称义和教会掌管灵魂之剑的观念流行了起来，最终导致了追求灵性的理论与干涉人间事务的欲望之间的深刻矛盾（图 4）。

16 世纪的宗教改革致力于克服这种矛盾。路德区分了"上帝之国"和"人的王国"（图 5），拉开了人间与天国的距离。根据"因信称义"的原则，信仰并不是交换，真正的信仰是纯粹的，没有任何功利的目的。信仰是指人对上帝的皈依，而得救则是上帝对人的慈悲，人的灵魂得救完全取决于上帝的意愿，甚至是前定的。路德的名言是："做好事的不一定是好的基督徒，但好的基督徒一定会做好事。"路德认为：得救完全靠上帝给人的无偿的恩惠，根据这种理解，路德否定了善功在灵魂得救中的作用，也否定了人能够通过善功而进行"自救"。灵魂得救不是依靠个人的功德，而是靠对上帝的信仰。人只有信仰上帝，接受上帝的恩赐，才能成为真正的基督徒，其中有些人可以因上帝的慈悲而得救。

宗教改革倡导上帝崇拜和阅读《圣经》，不再承认罗马教廷、教宗具有神圣性。无论是教皇，还是大主教、主教、教区神甫和修道院的僧侣，都不具有神圣的性质。教会的一切需要按照《圣经》的标准来加以检验，宗教仪式如果与《圣经》的教导相悖，就应当加以废除。神职人员参与的听人忏悔、赦免人罪恶的权力也需要重新界定。无论是俗人的结婚，还是僧侣的独身，乃至在人逝世之时由神甫施加的涂油礼，因为不是《圣经》界定的圣礼，也应当从圣礼中加以剔除。教会和神职人员不再是高于社会的特殊存在，他们需要缴纳赋税，应当服从世俗政府的管辖。

天主教仪式在新教地区被简化：偶像崇拜被限制，在规定日子吃斋的习俗被取消。七大圣礼中只保留了洗礼和圣餐礼。据澳大利亚历史学家罗伯特·斯克里布纳说，宗教礼拜的意义也改变了：弥撒成为庆祝圣餐礼，主持者用俗语说话，他身着黑色僧袍，面对众人，用面包代替了圣饼，并且把盛酒杯子递给俗人。布道成为宗教崇拜的最主要活动，在一些地方，每天的布道代替了每天的弥撒。不超过一个月举行一次圣餐礼，有时仅在圣诞节和复活节举行。婚礼不再被认为是圣礼，但宗教气氛浓厚，仍然在教堂里举行，成为一种俗人的庆典 。[13]

教士的布道只是一种职业，而不是神圣所在。路德认为最高的权威是《圣经》本身。这种观点在 1517 年后得到广泛流行。世俗之人完全可以直接通过阅读《圣经》而同上帝沟通。新教牧师主要是受过教育的市民，来自于城市贵族、商人和手工工匠家庭。但是，从第二代新教牧师起，等级的特征进一步隐退。据历史学家伯那特·弗格勒研究：16 世纪斯特拉斯堡的第二代新教教士主要是牧师和手工工匠的儿子，贵族和商人退出了竞争教职的行列。一项更具体的调查表明，在 16 世纪符腾堡的 2700 个牧师之中，513 人（19%）的家庭出身可以确定。这 513 人中有 324 人（63 %）是牧师的儿子，51 人（10%）是手工工匠的儿子。[14]

在经济方面，宗教改革阻止了教会的腐败。例如：僧侣是免税的，修道院占有大量的德国的地产，这使想得到租地的农民和想夺取这些地产的贵族感到不满。教会宽容乞丐行乞，把盈利活动说成犯罪，这也使正在不断壮大的商人大为不满。教会又向农民征收什一税，使本来就缺地少粮的农民十分愤怒。教廷对德国课以重税，任意干预教职任命，据估计，每年从德国流向罗马的现金达三十万古尔登以上，德国的高级教士在就职时都要向教廷缴纳一万到二万古尔登。德国的教会不仅腐败成风，而且教廷办事时的奢侈浪费程度也令人吃惊。罗马教廷还常常收取每一个新任主教第一年的所有俸禄和辖区内全部款项收入，作为批准其担任主教的报酬。甚至还出现主教职务虚悬的情况，教皇不急于委派该地区的主教，却收取那里的税收，期限在一年以上。路德对此非常不满，他要求建立不隶属于罗马的德国教会，避免国际势力借着宗教之名干涉德国主权，掠夺德国的资源。

从社会影响看，宗教改革废除了教士的特权、豁免权，以及牧师、僧侣修女不缴纳赋税、不履行城市义务的权利，从而把他们纳入了正常的社会生活。宗教改革废除了繁琐的诸如1470年《罪人之镜》里面的那些清规戒律，解除了长期以来压在平信徒心中的精神枷锁，让基督徒的心灵获得了解放。通过培训市民出身的传教士进行布道，减少了圣礼和繁琐的宗教仪式，提高了传教的质量。新教传教士传布的内容贴近人们的需要，得到广泛的欢迎。许多城镇的富裕市民发起传教活动，他们受过高等教育，每年被要求布道超过一百次。在许多城镇，比如斯图加特、罗伊特林根、艾森纳赫和耶拿，传教士成了新教领袖。

宗教改革同样也促进了婚姻的世俗化。妇女们参与了这个改革，修女们关闭了修道院，走进了世俗的家庭，婚姻的世俗化逐渐被人们接受了。宗教改革奠定了为自己的现实生活谋得福祉的思想基础，人们努力营造自己的家园，建设自己的家庭，增进自己的学识。路德翻译的德语《新约·全书》，成为德意志民族的骄傲，增进了德国的民族凝聚力和民族认同感。新教育制度的建立、婚姻的世俗化、僧侣结婚和修女还俗，宗教仪式的简化，宗教秩序与世俗秩序的分离，以及新教对家庭道德教化的重视，都意味着一个更加近代、更加符合市民生活习惯的世俗社会在兴起。在这个世俗社会里，各行各业的人们努力工作，工作被认为是在履行天职。可见，宗教改革推动了社会、经济、文化的平等，在"基督教兄弟之爱"的旗帜下，一种团结互助的世俗社会新秩序在逐渐显现。

1300～1650年间欧洲爆发了长达350年的文艺复兴运动。神圣与世俗的问题，在欧洲文艺复兴运动那里，表现努力建立"人间天国"的信念，但丁、彼特拉克和薄伽丘的作品中都体现出了这种精神。例如：但丁诗句中意犹未尽的含蓄美，表达出来的就是文艺复兴运动的核心理念——人文主义。人文主义最原始的含义，是指一种研究古希腊、罗马文学艺术的学问，可以追溯到古希腊时代的文化艺术思潮。后来，即引申为培养具有鲜明个性、有尊严、自由意志、创造力的新人的运动。人文主义者认为上帝是以自己的形象造人的，因此就有"上帝的形象与人的相像"之说。换言之，人有尊严、能动性、创造力，是受上帝指派并且在人间"代神行牧"的万物之灵。文艺复兴创导人间与天国的相似，引申出建立人间美好家园，即"人间天国"的伟大设想。"人间天国"提倡人的能动性和创造性，这使文艺复兴时期的艺术品有别于古典时代的希腊、罗马艺术。

希腊艺术家感性，其作品以描写美丽善良的人物为主，尽量表现出自然美、天性美和人性美。希腊艺术作品常常以神像为题材，美轮美奂，常常高于现实生活。《断臂的维纳斯》、《掷铁饼的运动员》都是希腊艺术家理想情怀的写照，与客观真实世界的景象有所不同。这样的美景与希腊人的梦境倒是相符的，希腊人爱做梦，常梦见出海远行，去遥远的地方摘采金羊毛。希腊艺术反映出古代希腊人理想与现实之间的差距。不过，这种差距，在希腊人那里并不构成对立，因为差距毕竟是能够通过努力加以克服的。于是，希腊艺术中闪烁的火花就成为了理想的追慕，而半人半神的希腊英雄，则是实现这种理想追慕中的勇士。通过理想的实现，希腊人获得一种极度的审美喜悦，感到了自己是神，只要努力，就能够像普鲁米修斯那样去盗取天火，将拥有像神一般的能量。

文艺复兴艺术家则有所不同。如果说，在希腊艺术家那里，表现的只是理想与现实的差距的话，那么，在文艺复兴人文主义者那里，却要体现新文化与旧文化的对立。例如：彼特拉克把历史分成了四个时期：古代是好的，中世纪是落后的，他自己生活的年代是生不如死的，而新时代却将从他彼特拉克开始。在 1370 年 11 月 29 日写给朋友塞里科（Lombardo Da Serico）的信中，彼特拉克表明了他对当时社会的不满："你问我对此生怎么看，问得好。对我来说，此生是我们劳累的坚实土地，危机的训练营，一座错误的迷宫，江湖骗子们的军队，一个令人惊愕的沙漠，一个淤泥堆成的沼泽，一片焦土，一个崎岖不平的村子，一座陡峭山壁，一个黑暗的洞穴，一群野兽纵横的巢穴，一片不毛之地，一个石头地，一块长满了刺的木头，一个毒蛇遍布的草地，一个没有鲜果的花园，无限的忧虑，一条人的眼泪滴成的河流，一个痛苦之海。"[15]

文艺复兴艺术家的做法，是用色彩鲜明的新文化，来反衬和反对封建文化的落后和愚昧。看到丑，他们就去描绘美，看到假，他们就去寻求真。这样，美轮美奂的新文化就在意大利兴起，体现出了同中世纪封建文化的巨大反差。这种新旧对立，使文艺复兴时期的艺术品成了真正的"两面神"，即要同时表现出新文化的光明特征和旧文化的丑陋面目。这个奥秘，是由达·芬奇首先泄露出来的。达·芬奇创作了迷一般的《蒙娜丽莎》，揭示出"两面神"的奥秘（图 6）。在这幅画里，蒙娜丽莎的年龄是不确定的，既像一位20 多岁的青年，又像一位 40 多岁但保养得很好的少妇；蒙娜丽莎的笑容也是饶有深意的，令人无法估计她究竟是高兴还是忧郁；同样，蒙娜丽莎的身份也难以判断，既像是一位贵族夫人，又可能仅是一位平民的妻子。在达·芬奇的画笔下，蒙娜丽莎成为真正的"两面神"，在她身上出现的是新与旧的对照，很好地体现出人文主义艺术作品的深刻内涵。文艺复兴时期的人文主义与古希腊的人文主义迥然有别，正如徐梵澄先生在《希腊古典重温》中所言：13、14 世纪的意大利文艺复兴运动，其实"未尝'复'出古代文化到什么地步"，但是，"它的光明，至少透过了它以前一千年"。[16]

可见，在古代和中世纪的星空下，世俗与宗教的理念，表现为古代埃及人的"灵魂永恒"；古代希腊人的"超凡入圣"；中世纪天主教会的"禁欲、赎罪"和"上帝之城"；宗教改革时期的"神的王国"和"人的王国"；中国的"天人合一"；以及文艺复兴时期的"人间天国"。

图6 达·芬奇 蒙娜丽莎
卢浮宫博物馆藏
文艺复兴艺术"两面神"的典范

然而上述不同类型的"天人关系"却是与当时所能提供的社会环境有关的。在发达的农业地区如埃及和中国，人们期盼的是"生命的延续"和"天人合一"；在政治分裂、充满危险的希腊，人们渴望成为英雄以便与天宇接近；在中世纪的多难时期，人们期望神的拯救，期盼"上帝之城"；在近代早期人类力量变得强大时，人们相继提出了"人神两国论"和"人间天国论"。尽管表述不尽相同，却无一不体现出人类追求永恒，追求神圣，追求和谐，追求真、善、美的执着信念。这正是最具有积极意义的。

　　尽管古代和中世纪已经成为过去，但各个时期追求理想信念的人们都是划亮黑暗的流星，他们携带巨大的精神能量向我们飞来，又在令人晕眩的光亮之中消逝。不过，在他们生命的飞驰之中，现代理性社会的清晰、简练、人性的符号却开始展开，不仅闪烁着真正的光亮，还把新鲜的生命力量散满寰宇。

（作者系北京大学历史学系教授）

〔1〕　周施廷：《流动着的永恒——见于法雍木乃伊肖像画上的埃及生命主题置换》，《文化艺术研究》第一卷，第一期，2008 年，第 229 页。

〔2〕　周施廷：《流动着的永恒——见于法雍木乃伊肖像画上的埃及生命主题置换》，《文化艺术研究》第一卷，第一期，第 229 页。

〔3〕　约翰·沃尔克：《肖像艺术 5000 年》，湖南美术出版社，1993 年，第 2 页。转引自周施廷：《流动着的永恒——见于法雍木乃伊肖像画上的埃及生命主题置换》。

〔4〕　约翰·沃尔克：《肖像艺术 5000 年》，第 2～3 页。转引自周施廷：《流动着的永恒——见于法雍木乃伊肖像画上的埃及生命主题置换》。

〔5〕　约翰·沃尔克：《肖像艺术 5000 年》，第 3 页。转引自周施廷：《流动着的永恒——见于法雍木乃伊肖像画上的埃及生命主题置换》。

〔6〕　周施廷：《流动着的永恒——见于法雍木乃伊肖像画上的埃及生命主题置换》。

〔7〕　周施廷：《流动着的永恒——见于法雍木乃伊肖像画上的埃及生命主题置换》。

〔8〕　卢奇安著，缪灵珠译：《画像谈——谈肉体美与精神美》，载章安祺编订：《缪灵珠美学译文集》第一卷，中国人民大学出版社，1998 年，第 146 页。

〔9〕　热尔曼·巴赞著，刘明毅译：《艺术史：史前至现代》，上海人民美术出版社，1998 年，第 104 页。

〔10〕 本文是苏轼为《黄子思诗集》写的一篇序跋文。文章以书法为喻，评论诗歌，指出于平淡朴素之中寓深远意境方为好诗。黄孝先，字子思，福建浦成人，以善治狱迁大理丞，历太常博士，卒于石州通判。著诗二十卷。参见苏东坡：《苏东坡全集》第十五卷，黄山书社，1990 年。

〔11〕 苏辙：《追和陶渊明诗引》，转引自袁行霈：《论和陶诗及其文化意蕴》，载《中国社会科学》2003 年第 6 期，第 152 页。

〔12〕 徐梵澄：《〈佛教密宗真言义释〉序》，载《徐梵澄集》，中国社会科学出版社，2001 年，第 206 页。

〔13〕 R.W. Scribner, *The German Reformation, Hampshire and London,* The Macmillan Press LTD, 1986, p.56.

〔14〕 Martin Brecht, "Herkunff und Ausbildung der protestantischen Geistlichen des Herzogtums Warttemberg in 16.Jh", zs.f. *Kirchengeschichete*, 80, 1969, pp. 172 ~ 173.

〔15〕 Francis Petrarch, "To Lombardo da Serico, November 29, 1370", in *Letter of Old Age*, The John Hopkins University Press, 1992, p.414.

〔16〕 徐梵澄：《希腊古典重温》，载《徐梵澄集》，第 5 页。

文明的异色

瑞兽主宰的文明兴衰
——二里头龙形器与阿兹特克双头蛇

杜甦

公元前 518 年，孔子赴周都洛邑向老子问礼，归来后对弟子说：我熟知飞鸟、游鱼、走兽的习性，就能结网制镞来捕获，"至于龙吾不能知，其乘风云而上天。吾今日见老子，其犹龙邪"！《史记》的这段记载中，孔子以龙的神秘来比喻老子的学问高深。彼时，孔子尚未迈进不惑之年，虽博学多才、门生众多，却尚不能知龙，亦如他才刚刚开始钻研《易》中的卜筮之道。

五年后的秋天，传闻有龙在晋都绛地现世，时任晋国正卿的魏献子听说了，便向太史蔡墨请教：龙不能为人所生擒，是不是因为它是最有智慧的动物？蔡墨于是给他讲了豢龙氏为帝舜蓄龙，夏刘累学扰龙于豢龙氏，以龙肉飨夏帝孔甲的传说，还援引《周易》"潜龙勿用"、"见龙在田"等爻辞，以印证人在上古时与龙朝夕共处，才能将其姿态描绘得如此生动。长于五行术数的蔡墨指出，今人不能得龙，乃是因为五行中祀水的水正失职。这番对答见于《左传·昭公二十九年》，是正史中对龙最早的记载之一，常被后人引用来论证龙是真实存在过的动物。可如果我们通观全篇，先有蔡墨状似不经意地提及晋国范氏是御龙有失的刘累后裔，紧接着孔子和蔡墨又分别批评范宣子铸刑鼎、铭刑书，预言"晋其亡乎！失其度矣"。原来这场知龙、饲龙的智慧之辩中，暗含了一段道法、儒法之间的政治理念交锋。尽管在以《山海经》为首的各路神话里，三皇五帝都是乘龙的，夏禹之父鲧甚至在死后化作黄龙，但面对殷商之前史料匮乏的无奈，司马迁在著《史记》时，只谨慎地在《夏本纪》末尾转述了孔甲食龙的这个故事，这条被养死吃掉的龙正是夏王朝衰亡的起点。

中国是"一条沉睡的巨龙，一旦觉醒就将震惊世界"，中国人"都是龙的传人"。一句是借欧洲霸主拿破仑的名言鼓舞人心，一句来自 20 世纪 80 年代慰藉海外游子思乡之情

图1　河南偃师二里头遗址

的流行歌曲，类似的表述在近几十年来将龙推到了我们民族认同感的焦点，成为足以承载民族精神的图腾。盛世之下，曾经为帝王独有的神秘动物"飞入寻常百姓家"：人们热衷于在文献与神话中搜寻有关龙存在的蛛丝马迹；鲜为人知的早期文明遗址出土了龙形象的文物，就能立刻成为新闻焦点；也有人将目光投向欧洲、印度和美洲的其他古老文明，试图透过龙蛇图腾的比较来找到我们的祖先西来或东渐的"来龙去脉"。龙的传说紧紧缠绕着中国虚虚实实的上古史，在今天的人们心中勾画出一个信念：只要我们寻到了龙的源头，了解了它的踪迹，便掌握了主宰文明兴衰的关键。

"最早中国"的龙与御龙者

2002年夏天，就在"龙见于绛郊"的两千五百多年后，又一条"碧龙"在中原腹地现世，为河南二里头文化遗址的考古发掘掀起了一个高潮（图1）。这是一条用两千多片绿松石粘嵌而成的大型龙形器，在3700多年前陪伴着它身份不凡的主人，被尘封在了当时中原最繁华的王朝都城之下。在一座紧挨着宫城中轴线的贵族墓里，墓主人怀揽着大量细小的绿松石片，从肩膀一直延伸到胯部，排列成一条长逾70厘米、头宽15厘米、身宽4厘米的长龙。这些绿松石形状各异，每一片都被精心打磨成光滑平整、厚度均匀的薄片，石片之间的连接过渡和转折角度恰到好处，缝隙缜密。在中国早期龙形象的文物中，如此体量巨大、用工繁复、制作精美的器物实属罕见（图2）。

尽管这条在"华夏第一王都"出土的绿松石龙被一些学者尊为"中国龙"最直接、最正统的根源，它的形象却与我们今天所熟悉的"五爪金龙"相去甚远。二里头龙有一个方正硕大的龙头，两颊微微隆起如龙吻，正中间三节青、白相间的玉柱排列成鼻梁，末端是一整颗绿松石雕成的蒜头鼻，两侧的梭形眼眶中各嵌一块浑圆微凸的白玉为睛，四周沿额面轮廓延伸出卷曲的弧线，像是在表现龙的鬃须，也有可能是某种云气纹。这样一个正面的龙头形象左右对称，几何装饰感很强（图3）。二里头龙的龙身呈水波状曲伏，绿松石

图2　偃师二里头遗址龙形器

图3　偃师二里头遗址绿松石龙形器头部复原

图4　五步蛇的菱形花纹

蓝绿变幻的色泽，模拟出细腻的龙（蛇）鳞效果，龙脊微微隆起，尾端向内蜷成圆弧，沿着脊线还嵌有连续排列的菱形拼花纹饰，酷似五步蛇身上的斑纹。从上方俯视，生动写实的龙身像是一条正在游走的大蛇，与抽象工整的龙头形成了强烈的反差（图4）。

　　这条绿松石龙在出土时全是分散铺陈的石片，其间嵌着少量红漆，据推测原本是粘嵌在一整块木板、皮革或是织物上的，但这层有机质的衬底早已腐朽，材质无法辨认，这也使得它的真正功用至今难有定论。有人认为这是一面装饰升龙的旌旗，因为绿松石龙出土时，龙身上还覆着一枚青铜铃，恰好吻合了《诗经》中周王祀于宗庙"龙旗阳阳，和铃央央"的描述；也有人认为它是红漆木板装饰绿松石的"龙牌"，因为在二里头遗址的另外几座规格略低的贵族墓中曾出土过三块兽面纹青铜牌，同样也是和铜铃一起佩在墓主人的腰部或手部。主持二里头考古工作的许宏研究员认为，这些铜牌上用绿松石镶嵌出的动物纹样，可以看作是龙头形象的抽象简化。我们也许可以据此推测，这些带有瑞兽形象的饰物，都是祭祀场合使用的仪礼用具，而这几位与瑞兽关系密切的神秘贵族都是宗庙中的祭司，也许他们就是传说中"豢龙氏"的后人，以"碧龙"统领着其他青面兽，与先祖的亡灵和自然界中的神明进行对话。

新大陆的双头蛇与欧洲来的羽蛇神

和二里头古拙的绿松石龙相比，另一条来自中美洲地峡的嵌绿松石木雕双头蛇也许更容易被认作是"中国龙"。这件蛇形雕塑双首一身，用一整块西班牙杉木雕刻而成，宽约40厘米，高20厘米，表面同样覆以两千多片绿松石（图5）。半圆柱体的蛇身蜿蜒曲伏呈"W"形，圆润的弧面上均匀地缀满了精心打磨过的绿松石片，色泽图案如鸟羽点翠般变化万千。两端互为镜像的蛇头以侧面示人，硕大空洞的圆眼眶中残留着树脂，原本可能粘有黄铁矿或黑曜石的眼珠，眉头的鬣须蜷曲呈"S"形，鲜红的海菊蛤壳镶嵌出嘴唇、胡须和方形的鼻头，红蓝相衬色彩醒目，蛇口大张露出赭石粉染成的血红牙床，下颌深处的小孔也许原本还挂着晃动的舌头，凤凰螺壳磨尖制成的森森白牙龇咧着，仿佛正嘶鸣着作势攻击，形象生动骇人（图6）。

这件造型颇似中国龙的木雕其实是16世纪初阿兹特克帝国极盛时期的杰作。那是一个充满传奇的时代。1519年9月，伟大的航海者麦哲伦踏上了环球航行的浩瀚征途，这次史无前例的航行将开辟一条全新的航线，把全世界的海洋连成一体，将西方、东方与新大陆所有已知的文明串连起来，而欧洲作为新航路的起点和终点，将从此成为世界的中心。就在麦哲伦从塞维利亚启航之时，西班牙征服者科尔特斯刚刚带着几百人的队伍和巨大的野心，进驻了阿兹特克的首都——传说中的"黄金城"特诺奇蒂特兰。这位碧眼白肤的欧洲人被国王蒙特苏马二世误认为预言中渡海来复仇的羽蛇神，未发一兵就征服了这个中美洲最强大的帝国，世界文明拼图这华丽的最后一块自此破碎，落入记忆的填埋场（图7）。

根据西班牙人的史料记载，蒙特苏马二世为了恳请科尔特斯远离他的王国，曾向这位来意不善的"羽蛇神"敬献了丰厚的礼品（图8）。在这批宝藏中原本有25件镶嵌绿松石的雕塑品，在运抵欧洲后有的被佛罗伦萨的珠宝商拆解，制成了符合时人口味的饰品，有的在王室贵胄手中几经辗转，最终有9件在19世纪末落户大英博物馆，与其他美洲古文明的遗物重聚。大英博物馆购得绿松石双头蛇的经过曲折离奇，馆藏记录中至今未能确证那位神秘贵族卖家的身份，也就无法还原它的真实来历。在其他传世的阿兹特克绿松石雕塑中，研究者们观察到与双头蛇同样的装饰材料和手法，才得以断定它们属于同一批在

图 5　阿兹特克嵌绿松石双头蛇雕塑　大英博物馆藏

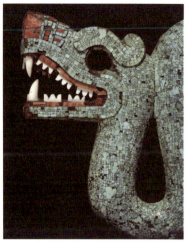

图 6　阿兹特克嵌绿松石双头蛇雕塑（局部）

图 7　描绘西班牙探险家于 1521 年攻陷阿兹特克帝国首都"黄金城"特诺奇蒂特兰的油画，绘于 17 世纪后期

16 世纪 20 年代来到欧洲的墨西哥珍宝，甚至有学者大胆猜测这条蛇就是蒙特苏马二世的礼物清单中所记载的一件"嵌绿松石的弯曲巨蛇"。

　　尽管体形巨大，这件雕塑却并不重，木胎背面是完全掏空的凹槽，除了表面镀金之外没有任何多余的装饰，连这层金粉也早已磨损殆尽，蛇身顶端还有两个穿绳子用的钮孔，研究者们据此推断它应该是挂在神像上，或是佩戴在化身神明的祭司胸前的饰物，并且曾长期在祭典中使用。在 16 世纪初成书的波旁尼克手抄本中，掌管生殖繁衍的地母神西乌阿科阿特莉（意为"云蛇"）就戴着类似的动物图腾胸饰（图 9）。阿兹特克的祭司们在西班牙人入侵前后的一个多世纪里所绘制的这些手抄本，为判断这件雕塑的用途提供了有力的佐证。

图 8 Antonio Rodriguez 绘 于 1680 ~ 1697
年蒙特苏马二世的油画肖像
大英博物馆藏

图 9 波旁尼克手抄本第 23 页中描绘穿着女神服饰的地母神西
乌阿科阿特莉

龙与蛇的"形""名"之辩

　　无论是古代中国的龙，还是中美洲古国的蛇，都与人类早期文明中的祭祀活动有着密切的联系。这些神奇的动物被匠人的巧手凝固在仪礼器具上，成为附有超自然力量的神秘图形。它们能为具备特殊能力和学识的人钻开一条虫洞般的时空通道，协助古代的巫觋与祖先神明交涉，也能让今人窥探到先民的生活方式与精神世界。我们该如何透过这些图像符号，去辨别它所传达的（或并未传达的）复杂文化内涵呢？

　　绿松石龙形器在二里头遗址被发现，让相信那里就是"夏墟"的大多数考古学者颇为振奋。古史传说中屡屡提及夏人崇龙蓄龙的习俗，可这条龙却并不能为"龙是什么"这个聚讼纷纭的问题提供一个标准答案：它生的太早，还没有出现文字让它的创造者和拥有者来记录它的定义；它也生的太晚，从早一百多年的近邻新砦遗址的饕餮纹陶器盖，到龙山时代山西陶寺蟠龙纹陶盘，甚至年代更久远且远在余杭的良渚文化玉猪龙，都与它在造型上颇有渊源。它工整对称的兽面特征上承新砦，下启商周青铜器，可一条水波般弯弯曲曲的灵动蛇身却打破常规，既不同于龙始祖们首尾相衔演绎万物生息周而复始的块形，也未

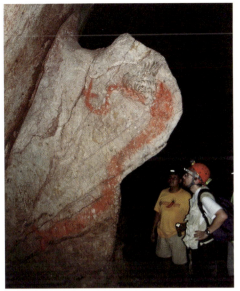

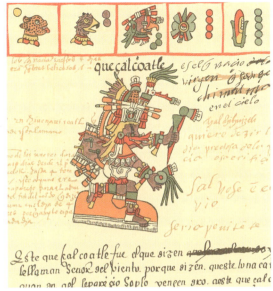

图10　胡斯特拉瓦卡洞穴岩画中的羽蛇　　　　图11　泰利耶·兰斯手抄本中的羽蛇神魁札尔科亚特

若后世以一首双身暗喻昭穆王制的两分法世界观，这袅娜的龙姿很可能是工匠们为了配合底衬的形状，更为了满足使用者追求祭物栩栩如生所带来的视觉震慑力而独创的。龙头与龙身的不协调，恰好印证了龙形象多源性集合体的特性。

阿兹特克双头蛇所表现的显然也不是生物学意义上的蛇。它究竟是被阿兹特克这个兴衰不过三百年的帝国尊为主神的太阳与战争之神维齐洛波奇特利，还是三千多年前就在胡斯特拉瓦卡洞穴的岩画中现身，信徒从墨西哥湾扩散到整个美索美洲，掌管风与智慧的羽蛇神魁札尔科亚特（图10～图11）？在16世纪文明毁灭危机所催生的大批阿兹特克手抄本里，保存最完好的泰利耶·兰斯手抄本中详尽地描述了阿兹特克的历法系统与祭祀规则，也记录了与之相呼应的神话与历史：北方的阿兹特兰部族受太阳神的指引一路游猎南迁，沿途受到其他酋邦吸纳和驱逐，终于在特斯科科湖畔找到神谕中雄鹰衔蛇歇在仙人掌上的"立国祥瑞"，从此在湖心岛特诺奇蒂特兰定居，建立起辉煌的水上都市与璀璨的文明，直到曾与战神争位失败而被流放的羽蛇神化身为科尔特斯归来致使帝国倾覆——王朝兴衰的命运都与蕴藏在日月星辰中的预言一一对应。在这部以手绘图画记录，辅以纳瓦特语和西班牙语注解的文献中，太阳神赐予阿兹特克人强盛的帝国，羽蛇神则从"众神之所"特奥蒂瓦坎为他们带来了智慧与文明，前者是地母神云蛇之子，别名叫作马奎兹科亚特（意为"双头蛇"），后者则与掌管死亡的索洛特是一体两面的双胞兄弟，与希腊神话中的赫尔墨斯在引领亡灵时叫作"普绪科蓬波斯"的情况颇为类似。事实上，"科亚特"在纳瓦特语中兼有"蛇"与"双生"两重含义，这个词根在阿兹特克各路神明的名字中出现频率极高。在中美洲广袤的雨林里，蛇是很常见的生物，它们无足而行，姿态如水流曲折，在地面、林冠与水泽间自由穿梭，随季节变化而蜕皮"永葆青春"，天冷会突然"消失"直到回暖再从水底或地下"重生"，它们有的还有见血封喉的剧毒，有的体形巨大可以生吞一只美洲虎。这种生物独特的形象与习性，为萌芽中的农耕文明完美演绎了生命繁衍生息难以把握的神秘法则，从而深深地植根在美索美洲的文化基因里，在此消彼长的文明之战中与其他文化元素杂交在一起。阿兹特克人格化的神统就是这样一个复杂的集合体，混合了多民族神话、部族历史与殖民时代的基督教文化渗透，比中国的上古帝王谱系更加矛盾晦涩，这使得推定双头蛇身份的两种意见分歧，像手抄本中两位神王争夺阿兹特克主宰权的冲突一样难以调和。

以龙蛇为媒的认知进化

　　新近出土的中国早期龙形象文物，在定名时也往往会遇到类似的"身份困惑"。"马踏飞燕"的浪漫时代早已过去，中国日趋成熟的考古学有规范的文物命名法则，需要依次明示文物的年代、特征、器形或用途，但科学的审慎在遇到无信史可征的异兽形象时，也只好作出清静无为之态，避开饕餮、肥遗、夒、螭、蛟、虺等源自先秦两汉甚至更晚近文献的龙蛇属类名称，而改以龙形器、兽面纹这样更高古朴素、涵盖面更广的模糊词汇来表述器物造型纹饰的特征。这叫人不由想到《阴阳师》里安倍晴明为好友源博雅解释"名"的含义："世上最短的咒，就是'名'……所谓咒，简而言之，就是束缚。"在日本这个符号帝国所信奉的阴阳道中，知道了作为语言符号的名字就意味着完全掌握了它所指代的事物，可以用来克制包括人在内的一切生物甚至未知世界的妖魔。符号的发展经历了从指代实体的形象再现，到指代思维想象的图形表现，最终抽象为可以指代自身的语言文字的漫长历程，研究文字诞生之前的龙形象，也就是在研究这一认知进化的过程。抛弃对远古文物命名的执着，大约也是为了挣脱异兽形名之辩由来已久的束缚，把探寻的目光放到语言文字乃至图形符号之外的其他时代与社会的成因吧。

　　二里头绿松石龙之所以重要，绝不仅仅因为它是一条龙，而是因为它正生在夏商分野的关键时间点上。夏商周三代考古与中国考古学共同起步，"追迹三代"成了中国考古学的使命。自从建国初期的学者循着文献中的茫茫禹迹在洛阳平原东部找到了二里头，三代考古人在范围约400万平方米的遗址中进行了近半个世纪的勘测发掘，发现了迄今可确认的中国最早的布局严整、规划明确的宫殿建筑群，面积近12万平方米的长方形宫城遗址南北有序，井字形的大道划分出功能不同的祭祀区、宫殿区和官营作坊区，构成了一座开中国都城营造制度之先河的大型都邑（图 12）。在围垣环绕的"国家高新技术产业园区"中，铸铜作坊已生产出第一件作为礼器的青铜爵，而北部一处面积近 1000 平方米的区域被用作绿松石器的生产，其中发现了大量的绿松石矿料和半成品的珠管嵌片。这些蓝如碧

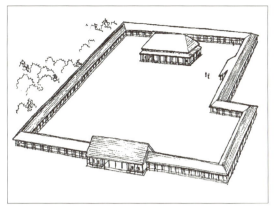

图 12　河南偃师二里头建筑复原鸟瞰图（杨鸿勋复原）

图 13　湖北大冶铜绿山古铜矿遗址

图 14　特诺奇蒂特兰遗址现存的阿兹特克神庙

水的宝石，经检测与湖北郧县云盖寺的绿松石石质十分接近。绿松石本就是铜矿氧化而成的宝石，离云盖寺不远的大冶就是中国最大的铜矿山之一（图 13）。在《山海经》中记载着不少这样草木不生的矿山，山中的神明也总被描绘成"珥两青蛇"或"践两赤蛇"的巫祝形象。也许铜和绿松石这两样全新的国家宝藏，就是乘着同一支我国最早的双轮车队，长途跋涉被运送回都城的。在一个仍然由玉器主导精神领域与政治权利的时代，青铜爵与绿松石龙两件祭祀"神器"的相继出现，即将在这个繁华而庄严、幅员空前辽阔的中原王朝掀起一股新的风潮。

　　阿兹特克双头蛇没这么幸运，它所守护的这个文明走到了尽头，连祭司的后代们也早已忘记如何计算太阳历，颠沛流离的经历在它与阿兹特克的历史之间划了一条条无法弥合的鸿沟，也把它卷入到欧洲乃至世界历史的洪流中。如今，来自美国和欧洲的考古学者在墨西哥国徽上的食蛇鹰注视之下，探索属于他们的共同记忆。绿松石双头蛇既见证了阿兹特克帝国艺术、宗教与政治势力的巅峰时代，同时也证明了帝国对周边邻邦的征伐无度是导致其覆灭的根源（图 14）。制造阿兹特克双头龙的绿松石来自距离首都特诺奇蒂特兰约 2000 公里以外的矿藏，用作粘合剂的树脂也是祭祀中必不可少的香料，在集市上都是极其昂贵稀缺的商品，而这些祭器所使用的更有可能是阿兹特克在征服外族后强制征收的贡品。这些宝石对尚停留在石器时代的阿兹特克人来说远比黄金珍贵。在西班牙人绘制的蒙特苏马二世画像上，这位亡国之君就穿戴着镶满绿松石的王冠、鼻塞和腰带，主持隆重的活人祭祀仪式。统治的长久需要靠俘虏大量人牲来满足神明的需求，帝王像夏孔甲一般好鬼神而失德，令王国内外都积怨已久，使得西班牙人的入侵有了可趁之机。阿兹特克手抄本所讲述的羽蛇神复仇的传说，在征服者与被征服者两方都不断被复述、质疑和改写，双头龙的形象也作为这个灭亡的古文明的标识符号在各种书籍、动漫、游戏中不断重生。

二里头绿松石龙尚未现世之前，二里头文化作为夏王朝存在最有利的证据，在 2000 年就已经被"夏商周断代工程"认定为"夏"文化，夏朝被划定在公元前 2070 年至公元前 1600 年。这个具有重要政治意义的项目验收结论，并未能解决学界对三代古史的争议，倒是燃起了不少好龙叶公的考据热情。2003 年启动的"中华文明探源工程"更进一步，把力证中华五千年文明的目标推向了三皇五帝御龙之术方兴未艾的时代。我们也许永远无法知道黄帝是不是某个真实存在的人，他长得什么模样，但在考古与文献相辅的科学方法的支持下，我们已经了解了在龙蛇传说盛行、政治与哲学思想空前繁荣的春秋战国，先贤们是如何认识和构建自己的历史的。在"神舟"上天，"蛟龙"潜海，"国之大事，在祀与戎"的古语被提上阅兵大典解说词的今天，我们该如何去书写我们的历史，这也许就是两条曾主宰过文明兴衰的绿松石龙（蛇）所能带来的启示吧？

景德镇瓷器与 iPhone

陆天又

最受欢迎的产品

2000 年之后的博物馆，会收藏苹果手机吗？如果 4016 年的博物馆策展人准备办一场 21 世纪初苹果经典手机的展览，他应该选哪一个机型来代表这个时代呢？那位未来的策展人可能会觉得颇为头疼：作为一种相当畅销的商品，iPhone 的更新速度委实不慢。从 2007 年 1 月 9 日，苹果公司已故的 CEO 史蒂夫·乔布斯举着第一代苹果手机出现在大众面前算起，苹果手机几乎是在以一年一款的速度进行革新。

每变化一次，iPhone 名称后面的数字也依次变大，就像是一种新时代的纪年方法，让人联想起明清瓷器底部的落款。不过，不管怎么翻新，手机背面像是被啃了一口的苹果图标却始终予以保留——这枚苹果的寓意太过丰富，有人说，除了伊甸园的那颗禁果和砸到牛顿脑袋的成熟果子之外，这枚电子内核的苹果，也在改变我们所处的这个世界。

一台能放在口袋里的智能手机，既是通话工具，也是照相机、摄像机、娱乐设备、电子钱包、导航仪、电子图书馆……它轻巧但功能强大，实际上是一台贴身的个人电脑，只要运用得当，一个都市人完全可以做到出门时仅仅握着手机即可。

在智能手机出现之前，人们使用电话的时间还不超过两百年。曾几何时，电话是一种被电话线束缚住的机器，现如今，在智能手机和互联网的帮助下，人与人的沟通变得更加容易——外出留学的子女可以随时通过手机与父母联系，三个月收一封家书的情况不再出现。住在中国农村的农民可以通过手机对外出售自家新制好的茶叶，他可能会迎来远在欧洲的买家。

这种新世纪的发明，凝聚了了不起的人类智慧——它们像是童话故事里住在人们口袋

图 1　Willem Kalf　晚明瓷罐　1669 年　静物画
马德里提森美术馆藏

里的"妖精"。截至 2016 年，全世界各类品牌的智能手机出售总量已经超过十四亿支。毫无疑问，包括苹果在内的智能手机，是我们这个时代最受欢迎的产品之一——但大约一千年前，这个头衔属于中国瓷器。

如果智能手机是一种"流传有序"、记载详尽的发明，陶器的出现则更多包裹在历史的谜团里。我们也许永远无法得知早期的人类是怎么想出要烧造陶器的：将大自然已有的元素经过水火的洗礼与双手的加工，使散落于地的泥土变成能够承载物质的器皿，这是属于新石器时代的最先进技术。

2012 年，考古学家于江西仙人洞遗址发现的，距今约有两万年历史的陶片，证明了我们的先人在陶器制作工艺史上的领跑地位。当中国的工匠们掌握了烧制高温瓷器的技术之后，瓷器逐渐成为中国对外贸易中最为重要的商品，引得世界各地的商人不惜数月远航追寻。

唐时的长沙窑已经开始生产大量供出口的彩瓷，在长沙窑的瓷器上发现了源自萨珊文化的联珠纹，与印度佛教高度相关的狮子图案、阿拉伯地区的特产植物椰枣图案，以及用阿拉伯文书写的"真主伟大"字样。明代的瓷器，是诸国渴慕的礼物及商品。历代的史籍中都有大量瓷器输出的记载。记录郑和出访的《瀛涯胜览》中，留下了占城国和爪哇国的居民非常喜爱中国瓷器的记录。除了海路，为了能通过陆路运输脆弱的瓷器，甚至催生出了一种绝妙的方法：鞑靼、女真等地的商人在买下瓷器后，先在瓷器外覆沙土和豆麦种子，浇水以使植物生长，好让缠绕的豆麦芽包裹住瓷器。在最终上路之前，商人会几次故意将这样的瓷器扔向地面，只有足够牢固、不会破损的那些才会被装上货车，最后以十倍的价钱出售（图 1）。

到了清代，瓷器的销路更加扩大，即使在康熙年间的海禁时期，都有商人愿意铤而走险，走私中国瓷器。1673 年的一艘走私船，一次性就装载了十一桶精美的茶杯、一万个盘、八千个碗及二千个茶盘……在这些外销瓷中，出现了相当有意思的种类：盐瓶、麦糊瓶、咖啡杯、西餐具……瓷器上的图案，变成了《圣经》故事、西方人物肖像或贵族纹章。西方的许多城市里，甚至出现了特别的商店——根据一份 1774 年英国出版的指南，光在当时的伦敦就至少有五十二家商号从事经销和承订中国瓷器的业务。

中国瓷器功能多用，便于清洗，色彩多变，装饰精巧；瓷器外覆的釉层让它们染上了温润莹洁的光泽，这是木器或者金属器所没有的风姿，是来自神秘东方的问候。在西方人学会仿制这些远道而来的器物之前，他们先被瓷器之美所俘获了。19 世纪晚期，中国青花瓷的魅力横扫了日不落帝国。不光伦敦的艺术家和收藏家们视青花瓷为灵感来源和品味的象征，寻常主妇也为家中的客厅能拥有一件中国瓷器为傲。知名的《笨拙》画报（*Punch Magazine*）为这股疯狂的热潮取了个一语双关的名字，"中国 / 瓷器热"（Chinamania）（图 2）。

中国的广州、泉州，日本长崎，葡萄牙里斯本，荷兰阿姆斯特丹……遍布各地的港口被连接在了一起，形成了一个庞大的世界级贸易网。航行于大海的商船带走了瓷器、茶叶和丝绸，英国人开始用中国的瓷器喝下午茶，荷兰的静物画里可以看见被精心描绘的青花瓷配上美丽的郁金香……难怪法国诗人斯卡龙曾经这样颂赞过巴黎圣日耳曼的一家店中售卖的珍宝：

带我到葡萄牙人的店里，
在那里一览珍奇，
中国来的新品。
我们会看到灰色琥珀，
美丽漆具，
高雅瓷器，
来自那宏伟国度，
或谓，来自那天堂之境。

图 2　清康熙景德镇窑青花果树纹双管瓶
上海博物馆藏

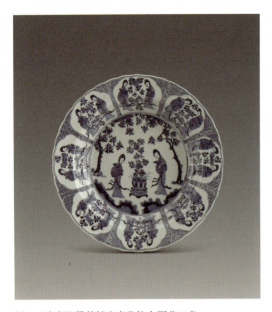

图3　清康熙景德镇窑青花仕女图花口盘
上海博物馆藏

图4　清康熙景德镇窑青花如意花卉纹香薰
上海博物馆藏

设计与革新

提到中国瓷器，总会绕不开"景德镇"三个字。明代后期时，景德镇的瓷业规模就已相当可观，以致"万杵之声殷地，火光炸天，夜令人不能寝。戏呼之曰四时雷电镇"。

景德镇的瓷器都是手工制造的，工匠的巧手将瓷土揉捏成型，往上描绘青绿山水或花鸟鱼虫。你不太有机会在这些瓷器上看到人类的指纹——残次品在出窑时就被摔碎了。这般严格的"质量管控"，颇有现代企业制造产品时的风范。尽管景德镇和提供外销瓷的窑场众多，窑场也不如苹果公司那般有统一的研发团队，但这不代表古代的工匠和瓷商们不懂得瓷器设计的重要性。设计优良的器皿，很快就会变成大众的流行款，譬如小南窑的产品："小碗一式，色白带青，有青花，花止兰朵、竹叶二种。其不画花，惟腕口描一二青圈者，称白饭器。又有撇坦而浅，全白者仿宋碗，皆盛行一时。"如果是提供给别国的瓷器，还会在器形上发生变化。譬如，销往阿拉伯地区的瓷器，一般以大盘、大碗为主，以符合阿拉伯地区的饮食习惯（图3～图4）。这些器物之上，常常书写有阿拉伯文。

景德镇的工匠们还在勤勉地进行着试验。不断有卵白釉、高温铜红釉、钴蓝釉等具有辨识度，同时代表新制瓷技术的"产品"问世。乾隆时期，人们甚至开始不惜工本地模仿其他材质的工艺品；用瓷土制作而成的金器、银器、玉石器、竹木器等，达到了可以假乱真的地步。

思维开放的工匠们似乎可以从一切物品上得到灵感，譬如将织锦上的游鱼、仙鹤等图案，绘制在珐琅瓷器上。不仅如此，他们还可以将荷兰白镴啤酒杯、威尼斯水晶玻璃花瓶仿得惟妙惟肖。

如果外国客户们有自行设计的图案，工匠们也接受"来样订做"，东西方文化的交融经常会碰撞出有趣的结果。譬如荷兰人曾为了纪念发生于1690年的一场鹿特丹民众对抗不公货物税而发动的起义事件（图5），向景德镇订做了大量纪念瓷盘。瓷工们尽职地在盘面上绘上了他们未曾见过的荷兰式排屋和正在试图砸毁房屋的抗议人群，并且为瓷器边缘添上了传统的"锦地开光"纹饰——他们显然不知道自己所描绘的是一个群情激昂的暴力场面，否则不会选择象征福寿的灵芝与桃子图案（图6）。

图5 描绘 1690 年鹿特丹起义的版画

同样是行销世界，苹果手机的设计风格却走向了另一种极端。任何人都看得出来，苹果系列产品的设计风格与景德镇瓷器千差万别。不管是在何地发行出售的手机，除了内置的语言系统能发生改动之外，它们几乎千篇一律，带着信息时代特有的冰冷气息。

有人认为，不管外壳怎么变化，苹果手机的颜色其实只有一种——白色。白色象征着轻灵、简约和优雅，在简洁的线条之下，是如白色一般能孕育出千百种可能的内核。苹果公司的总设计师乔尼·艾维承认，自己信奉的设计主义是"少，却更好"。苹果手机已经缩减成了一个没有多余零件的整体，它没有额外的按键，需要拧来拧去的把手或者螺丝，它的形状也只有一种，不同的版本无非是在长宽比上发生变化。苹果手机甚至彻底去除了让普通使用者为它更换电池板的可能。没有专业的背景知识，一般人根本打不开它的后

图6 清康熙景德镇窑青花鹿特丹起义瓷盘
上海博物馆藏

盖。换言之，尽管许多人每天都使用苹果手机，但鲜有人真正清楚它的的运作原理。

如果说陶瓷是一种带着人类体温的发明，连孩子都能用泥捏出一些简单的器物，那么智能手机恰恰相反，它是一种看似容易操作，实质上无比复杂的存在。

殊途同归

历史上的绝大部分发明，都会被更新的后辈所淘汰。但从几万年前起就一直存在于人类文明中的陶器和瓷器，显然是一种例外。左手端着瓷杯喝水，右手拿着智能手机，这样和谐的场景依旧存在于无数人的日常生活中。

瓷器与智能手机——这两者看起来是如此的不同，似乎前者只能代表老掉牙的、缓步不前的技术，而后者蕴含着未来的全部希望。一部苹果手机的价格，可以用来买成百上千

图 7　18 世纪景德镇窑青花帆船图花口盘
上海博物馆藏

个普通瓷器。除了在拍卖会上偶尔出现的惊鸿一瞥，昔日欧洲贵族们豪掷千金来换取景德镇瓷器的胜景，已经不复存在。

　　瓷器千变万化的奥秘往往在于原料配方中微妙的化学元素比例和不同工匠手艺的高低，苹果手机能够保持性能稳定的原因却在于流水线上生产出的零件。再高超的工匠也不能制作出两个完全一样的花瓶，一个熟练的工人却能在很短的时间内组装出完全一致的产品。撇去生产零部件的步骤，光组装出一部苹果手机就需要大约四百个工序，现代工业的强大依旧可以保证一家大型规模的生产基地以分钟为单位，每日出产几十万台手机——这是古代的景德镇无法匹敌的成就。

　　尽管如此，景德镇瓷器与智能手机的关联之处要比表面上多得多。中国瓷器能够受到人们追捧的背后，自有其先天和后天的有利因素。瓷器不易腐坏，不惧潮湿环境，适于长途运输。较陆路而言，相对平稳的海路上，大量的瓷器又是商船们理想的压舱货物。一艘大小适中的商船，一次性可以运输大量的瓷器，这样的运货量让外贸商人们赚到了丰厚的利润，也为瓷器打开了为世人所知的窗口（图 7）。

　　瓷器制作本身是一种技术，它的贸易背后还牵涉了更多知识的结晶。仅中国宋明时期的船员们，就已经掌握了能在大海上确认方向的罗盘术与牵星术，绘制了航海图，使用尾舵技术、平衡舵技术和让船舶在少量进水时能够不致迅速沉没的水密舱设计。长达几个世纪的大航海时代，填补了空白的世界地图，一次次革新着古代航海技术。只要人们保持着互通有无的关系，中国瓷器就能继续远行下去。

在千百年之后，智能手机仍旧依赖于世界贸易网络。发生改变的是从过去物与物的交换，变成了技术的流动和共享。苹果公司的总部虽然设立在美国，但所有的苹果手机都是由来自世界各地的工厂提供零件的。在其全部七百多家供应商中，绝大部分来自于亚洲，其中，又以中国大陆的工厂数量最多。一台手机的设计稿和程序来自于美国，其关键零件生产于日本，显示屏由韩国生产，最后在中国组装完成。接着这些外观完全一致的产品，要通过现代社会发达的运输网络，传送到世界各地。只不过，目前运送手机的主力交通工具，从海船变成了波音747飞机。据《纽约时报》统计，一架货运747飞机，一次性能够装载十五万部苹果手机。

景德镇人很少会拒绝挑战，面对复杂的市场，他们发展出了求变的创作思路。他们在保证大规模生产的同时，不忘保持灵活和创新。景德镇的繁荣证明了这种思路的正确，这里的人们奉命为朝廷烧制皇室精品，为普通百姓生产耐用器具，也为世界各地的客户（江户、开罗、威尼斯、阿姆斯特丹、巴黎等）生产。景德镇人知道，他们的产品会引领潮流，重新定义当时的世界。

苹果手机同样以创新性著称，在它的拥趸者看来，苹果手机的伟大之处在于不服从固有的观念，勇于想象未来。最典型的例子是，在人们已经熟悉键盘—鼠标的输入方式时，苹果手机重新让人们习惯用自己的手指触摸屏幕的方式，完成与新时代的对话。

触摸，正是所有孩童认识世界的首选方法。在学会使用餐具之前，我们用手指为自己送入食物。在学会书写之前，我们用手指涂抹颜色。在学会捏住螺丝刀之前，我们的先祖用手指握住石头，敲击出合适的工具。当无数使用者在手机屏幕上画出或短或长、轻重不一的曲线和直线时，这些动作和瓷工们的捏揉修整没有什么实质上的不同。无论是苹果手机还是景德镇瓷器，它们都是一个时代乃至几个时代中最优秀的设计，是多种体验和需求的产物；它们都是优秀的工匠、设计师和商人合作的结果；它们被创造、被知晓、被传播、被交易、被拥有、被渴望——在某种意义上，它们殊途同归。

从新石器时代的人类捏起无处不在的土开始，到今天的我们操作着手机为自己服务，人类的发展史还将继续下去。代表下一个时代的人类创造，又会是什么呢？

蓝与白

吕维敏

每年至少有一亿塞斯塔钱（古罗马货币，约合今天 2000 万美元）被印度、中国和阿拉伯人夺走。

———公元 1 世纪 古罗马著名博物学家老普林尼

我没有任何疾病，如果硬要说有，那只有一种，就是太爱瓷器……正毫无节制、不谙世事地进行购买和收藏。

———1726 年 萨克森选帝侯兼波兰国王奥古斯都二世

似乎有些夸张，但事实如此。在近二千年的历史中，中国一直是世界贸易的霸主，任何出自或冠以"东方"之名的制品都能令西方整个社会趋之若鹜。

德国人习惯以某种特征物来标识路线。当地理学家冯·李希霍芬（Ferdinand von Richthofen，1833 ~ 1905 年）在 1877 年出版 5 卷著作《中国——亲身旅行和据此所作研究的成果》时，也许是想起了古罗马人对中国丝绸的痴狂，他将张骞开辟的连接了古代中国与地中海的贸易通道命名为"丝绸之路"（Silk Road）。而随着太平洋和印度洋地区越来越多的考古发现，学者们开始意识到航运同样是中国古代器物外销的重要途径，便相应地称之为"海上丝绸之路"，又或者谓之"茶瓷之路"——因为茶叶和瓷器在这一时期开始成为相当重要的贸易品，并对历史发展产生着深远的影响。

需要说明的是，无论是陆上或是海上，都并不存在一条明确的广受公认的"道路"可以供商队从中国一路抵达欧洲；它更大程度上是一种地理空间上的定义，代表着旧大陆不同文明之间的相遇、交流与传播。

被视作中华文明重要物质表征的青花瓷便是这种文化交流的产物，又在下一阶段的交流中诞生了它的"欧洲兄弟"——代尔夫特陶。

源于西域的蓝

青花瓷上的蓝彩使用了金属钴作为呈色剂。根据钴土矿的产地不同，含铁锰比例的不同，高温烧成后的图案有浓淡明暗之分。明代早期永乐宣德青花上为人乐道的"铁锈斑"，就是由于当时使用的"苏麻离青"，铁含量高，锰含量则较低。根据历史记载，这种青料是郑和下西洋时从海外带回来的。所谓"海外"，通过现代的科学分析和比对，许多学者认为很可能就在土耳其或伊朗一带。在很长的一段历史时期中，这一事件被认为标志了青花这一品种的开端。

然而，20世纪中叶戴维德瓶的发表，推翻了这一旧见。

戴维德瓶一对两件，因其原藏家英国戴维德爵士（Sir Percival David，1892～1964年）而得名，现藏于大英博物馆，一进展厅就能看见（图1）。对瓶器形高大，高逾60厘米，但造型优雅，长颈、窄肩、微敛的腹部，加之别具匠心的象首双耳，不觉笨重，反显出几分稳重大气。与之相得益彰的是其上的纹饰。对瓶纹饰大致相同，每件瓶身上都绘有一条飞龙，在祥云伺绕下，龙首高昂，四爪大张，纤长的身躯有力地弓起，似在疾行，又极富威仪之势。云下有波涛翻卷，浪花、祥云行进方向两异，给画面增添了几分动感。颈部有云中飞凤与之相应，翎毛华美而更富装饰性。此外，在瓶口、肩部和足部等位置，工匠还依循器形，填以缠枝花卉、蕉叶、海水、八宝等宽窄不一的纹饰带，装饰繁复而层次清晰。以其器形之规整、装饰之精美、发色之浓艳，与明代早期青花颇有相似之处。但器身上的题铭却将器物的烧造年代赫然指向了元代晚期的"至正十一年"：

> 信州路玉山县顺城乡德教里荆塘社奉圣弟子张文进，喜舍香炉花瓶一付，祈保阖家清吉子女平安。至正十一年四月良辰谨记，星源祖殿胡净一元帅打供。

短短数十个字，读来似乎有些陌生，但又有几分熟悉。信州路已经没有了，玉山县还在，胡净一元帅早已声名不扬，不过遍布乡野城镇的庙观直到今天仍延续着施舍供器的传统，所写文字半文不白，与几百年前倒也大差不差。戴维德瓶作为中国制作的瓷器，理所应当地呈现着传统中国的文化与风俗，让人几乎忘记了其所用的彩料很有可能是出自亚洲另一端的钴土矿。

不过，很快，美国学者波普（John Alexander Pope）在土耳其托普卡普皇宫和伊朗阿德比尔神庙的瓷器收藏中，又整理出一批同样烧造于14世纪的景德镇青花瓷，其中的许多器物呈现出迥异其趣的另一种面目。

图 1 元 戴维德瓶 大英博物馆藏

图 2　元　青地白花凤凰穿花纹菱口盘　伊朗国家博物馆藏

　　2012 年上海博物馆"幽蓝神采——元代青花瓷大展"中曾从伊朗国家博物馆借展了一批原藏于阿德比尔神庙的元青花。其中的青地白花凤凰穿花纹菱口盘即使在珍品荟萃的展厅中依然显得十分扎眼（图 2）。一来，这件盘高 10 厘米，口径 57.5 厘米，足径 32 厘米，尺寸极大，与中国传统器物造型截然不同；二来，盘心白地蓝彩与青地白花交替出现，纹饰层迭细密，通过繁而不乱、细巧灵动的线条凸显蓝白两色的强烈对比，令人不禁联想起稍早的萨珊金银器和同时代的波斯细密画。有趣的是，在大盘的外侧边沿上有一行阿拉伯铭文，却由于书写不规范或错误无法识读，书写者应当是一名中国工匠（图 3）。他为何会写下这行铭文？他是否意识到书写的内容？他学习了阿拉伯文化？或者只是在摹仿某个稿本？ 真实的答案已湮没在历史的尘埃里，但后人仍可以想象当时的场景：一名中国工匠，用毛笔蘸着远方运来的珍贵彩料，在一个他一辈子都不会用到的巨大圆盘上，小心地，或许还带着几分迟疑地画下他不甚熟悉的点和线。这件器物分明出自他与同伴的双手，却充斥着异域文化的陌生感。

　　究竟该如何理解元青花与西亚的关系？西方学者提出观点，认为当时被引入的不只是西亚的青料，还有擅长制作白地蓝彩器的波斯陶工。而国内学者则更相信元青花是在本国工艺发展的基础上，受到了海外市场需求的影响，尤其是考虑到元青花的部分图案在宋代的磁州窑彩绘中已经开始出现。

　　2009 年，在景德镇的一次古窑址考古发掘中出土了一批元代中期的早期青花瓷片。经过拼接复原后，在其中的 7 件高圈足碗外沿发现了青花写成的波斯文字和釉里红的小花

图 3　青地白花凤凰穿花纹菱口盘　外侧边沿上的阿拉伯铭文

装饰（图4）。这些文字笔迹流畅舒展，带着几分伊斯兰书法的美感，内容则是一首关于美酒与爱情的波斯小诗：

> ……掉进了酒杯里，
>
> 百合花……落入水里，
>
> ……心爱的人（或每一位喝醉的人）含情脉脉的眼睛，
>
> ……已经醉了。

　　书写者并未落款，但他的字迹已经足以表明自己的文化身份——这是一名波斯工匠。元代的景德镇已经有了成熟的白瓷工艺，使用西亚的青料，接受磁州窑的彩绘技法，的确很可能发展出青花工艺。但从这一考古发现来看，也许元代的管理者觉得从西方招揽几个工匠来会更直接与迅速。这种情况在蒙古人的治下其实并不奇怪，他们对手工业和商业的看重与他们残暴的征服策略同样闻名。据称当他们的铁骑踏平了连接撒马尔罕和巴格达之间的交通要塞梅尔夫城时，百姓遭到屠杀，只留下400名工匠被带回东方的王廷。

　　另一方面，作为管理者的蒙古人对维护商道、鼓励贸易有着极大的热情。商业税收是帝国重要的财政支撑，而庞大的贵族阶级也乐于从中分一杯羹。他们对宗教持有极其开放的态度——这一直是丝绸之路上各方乱战的重要动因；他们还清理和修缮了沿途的各种设施；中原王朝惯用的城市管理措施被向西推广，不止一位旅行家盛赞辽阔东方的安全。佛

图4　写有波斯文字的元青花高圈足碗

罗伦萨的商业指南里说，从黑海到中国"无论日夜，绝对安全"。伊斯兰旅行家伊本·白图泰则对城市外来者登记的制度印象深刻，他有些夸张地宣称，在中国"一个人带着钱财单独旅行九个月都不用担惊受怕"。曾经在汉唐之间无比繁荣，又在安史之乱后渐落衰败的丝绸之路再度通畅起来。比陆路更繁华的是远海航道，它趁着晚唐西北乱世兴起，随着航海技术的进步发展，由于宋代经济对市舶货运的倚赖而愈发兴盛。宋理宗宝庆元年（1226年）福建路市舶提举兼泉州市舶的赵汝适"阅诸蕃图"、"询诸贾胡"作《诸蕃志》，所记录与本地通商国家地区已五十有八，东自今日本、菲律宾；南止于印度尼西亚群岛；西达非洲，及意大利西西里岛；北至中亚及小亚细亚。到了元代，这一数字进一步扩大，元成宗大德八年（1304年）陈大震、吕桂孙所撰《南海志》载与广州发生贸易关系的国家及地区更逾一百四十处。

　　中国制造的瓷器一直是商途中的畅销品，新烧的青花也很快被列入了货品清单，尤其受到伊斯兰贵族们的喜爱。他们的需求反映在实物中，就是巨大的盘碗一类，最好再带几分伊斯兰的审美。但对于出自中国瓷器传统的工匠而言，本土化是自然而然的事情。譬如戴维德瓶，已经是件彻头彻尾的"中国"青花瓷了。

来自东方的白

　　时空转换到17世纪的荷兰代尔夫特，这里盛产一种模仿东方风格的蓝白陶器。

　　这座荷兰的港口城市很早就参与了远航中国的商贸活动，当荷兰东印度公司成立时，它是六大母港之一。

　　荷兰东印度公司是世界上第一个跨国公司，以爪哇岛上的巴达维亚（今天的印尼雅加达）为据点，频繁周转于东亚与东南亚的各个港口，更重要的则是将满船的中国货物经过漫长的航程运回欧洲市场，赚取巨大利润。对于贸易交往中遭遇的东西方文化冲突，公司的十七人董事会有自己独特的认识："如果能保障我们资产的安全的话，不用太过在意通常被过度重视了的名声或荣誉这种问题——在我们身为商人的立场来看，没有经过不法的手段或暴力而获得利润，就是一种荣誉。"以这样的处事原则，荷兰人周旋于不同政权之间，挤走了原本垄断了东亚市场的伊比利亚兄弟。可惜还不等他们细细品味这份成功，就要面对明末清初的政局动荡对沿海地区的商贸造成巨大的影响。织物、茶叶、香料这些或许可以用其他产地的货物代替，但所运货物中单品利润率最高的中国青花瓷没了着落。荷兰人也曾试图在日本寻找替代品，但日本的瓷器无论是产量还是质量，都远远不及中国瓷器，运输费用和风险却减不了多少。

代尔夫特人从中觅得了商机。

稍早时候，南方安特卫普的大批陶工为了躲避战乱，来到代尔夫特，他们制作的是一种被称为"马略卡陶"的锡釉陶。所谓"锡釉陶"是指在釉料中加入锡，高温烧成白色釉层来遮盖质地欠佳的陶胎。这是一种原创于 8 世纪左右的波斯湾地区的陶器制作工艺，最初用来在陶器上模仿中国唐代白瓷的质感，之后在伊斯兰世界广泛应用，也随着伊斯兰文明传播到了伊比利亚半岛，在西班牙地区大量生产。属于西班牙的地中海小岛马略卡成为文艺复兴时期意大利人购买这种具有东方风格的陶瓶陶盘的重要集散地，此类陶器便被概称为"马略卡陶"。不过意大利人在学会这种制作工艺后，又将自己的绘画与雕塑传统付诸其上，因此 16 ~ 17 世纪时欧洲人口中的"马略卡陶"已经是一种器形富有装饰性，在锡釉的基础上施以彩绘，图案以人物画或故事画为主，讲求空间明暗关系的意大利式彩绘陶器（图 5）。

马略卡陶曾经一度非常风靡，列数欧洲有些年份的陶瓷工业基地，都曾有过制作马略卡陶的传统。但随着中国瓷器的到来，这种陶器除了价格低廉，几乎没有竞争力。欧洲的新老贵族们都热衷于在自己的餐厅或房间里摆满中国瓷器，成套或不成套都没有关系，青花瓷光洁明艳的外表令他们着迷，更能够彰显他们的财富、身份和品位。而且欧洲人很快发现，中国瓷工接受订烧，他们似乎无所不能，只要画一张图稿，就能一丝不差地烧制出来，连图稿上不小心的错笔都不放过。

既然现在中国瓷器不够了，马略卡陶产业也许还有发展机遇？

很难说荷兰东印度公司母港这个身份，在代尔夫特的制陶工艺发展过程中起到什么样的作用，但不得不承认，在欧洲各地的模仿者中，代尔夫特陶是最接近中国瓷器的。据说，传统的代尔夫特陶使用三种陶土进行混合配比，一种取自当地，一种来自今天比利时的图尔奈，一种来自今天德国西部的莱茵河地区，最后获得的胎土富含钙元素，比普通的马略卡陶更细密紧致。代尔夫特陶的施釉方式与之前也不一样了。马略卡陶一般只在需要彩绘的部分施锡白釉，其他位置就只是刷一层透明釉露出陶胎。而大概从 1615 年起，代尔夫特陶的整个器物表面都被罩上了一层锡白釉，完全掩盖住不甚白净的胎体。然后，陶工们似乎意识到这样的表面较瓷器仍显粗糙，彩绘也暴露在外部，手感不平整且容易剥落，他们在锡釉和钴蓝彩的上面，又施了一层透明釉。除了工艺之外，代尔夫特陶大多使用蓝白两色，因此也常被称为"代尔夫特蓝陶"，虽然仍有不少人物故事的图样，但花卉禽鸟、田园小景也成为非常重要的绘画主题，有时还会出现一些明显模仿或取自中国瓷器的图案。总之，如此几番，代尔夫特陶终于从外观上与釉下彩的青花瓷相当接近了。

图5　马略卡陶

大英博物馆藏有一件生产于18世纪早期的代尔夫特蓝陶花瓶，可以充分体现代尔夫特窑工们的这种努力（图6）。它的造型可能脱胎于明清时期流行的蒜头瓶，只是各部分比例与蒜头瓶并不相同，还多了一个喇叭形口。而瓶身上的纹饰乍看很是像模像样，口部、颈部、足部都有蕉叶纹，肩部有卷草纹，各部分以弦纹区隔，主题纹饰是瓶身上的一组人物风景图画，五个人物的衣着、姿态煞有介事，大概可以定名为"人物故事图瓶"或"高士图瓶"。但再多一眼就会发现，画工不过是选取了中国瓷器上各种常见图案堆叠在一起，各种元素的组合既不讲逻辑也没有规律，颈部和足部的装饰图案简单几笔涂成，弦纹更是波磔弯曲得像儿童随手画的几条线。这些出入在陶工乃至他们的主顾眼中也许都是无关要旨的，它已经那么白净和光洁了，还不够吗？

代尔夫特陶的成功，一定程度上填补了中国瓷器供货量的短缺。与此同时，它对欧洲市场需求反应更快更正确的优势也得以发扬。顺应荷兰及欧洲其他地区更多中产家庭追逐"中国瓷器"这一时代风尚的需求，代尔夫特陶工们烧造了许多具有

图6　代尔夫特陶瓶　约1725～1750年
大英博物馆藏

实用性的家居产品。荷兰主妇们尤其喜爱代尔夫特蓝陶墙面砖，她们倒并不特别强求什么东方风格，而是釉面光洁便于清洗擦拭，蓝白配色素雅清净，夹杂几片花鸟小景的更富生活气息。贵族们也对代尔夫特的墙面砖趋之若鹜。英国女王同时也是荷兰王后的玛丽二世非常喜爱中国瓷器，据说她的宫廷中安置了许多玻璃橱柜摆设中国瓷器。当她建造别宫时，特地在代尔夫特订制了一大批柱面砖呼应她的收藏。雅致的中国蓝结合繁复的欧式图样开启了欧洲新的装潢时尚，在之后的数十年中，欧洲大量的豪华宫殿和乡间别墅中都使用着代尔夫特的蓝白釉面砖。

奥古斯都二世对于中国瓷器无可救药的狂热最终促使了 18 世纪初梅森骨瓷的烧制成功。有趣的是，据说奥古斯都二世曾经指示梅森的陶工们按照代尔夫特陶的纹样烧制。为什么是代尔夫特而不是更正统的中国瓷器？也许他觉得中国瓷器是不可及的高度，也可能介于东西传统之间的代尔夫特陶器，虽然不够正统，但更暗合他的心意。后者并非不可能，在梅森骨瓷的早期曾烧造了许多东方风格的瓷器，真正意义上模仿中国瓷器的却并不多见。之后不久，欧洲就建立了自己的瓷器传统，与中国瓷器也愈行愈远了。

戴维德瓶是青花工艺本地化的体现，到了明清两代青花更转身成为了中华文明的重要代表；蓝白墙面砖同样是代尔夫特陶工艺本地化的反映，而代尔夫特蓝陶已经成为了荷兰国宝级的特色工艺，它的造型、纹饰体现了从 17 世纪至今的荷兰艺术传统。在这段在亚欧大陆上几度折返的陶瓷发展历程中，我们看到外来文化的强势冲击推动本地工艺技术的发展，但生活与传统终究占据上风，生发出全新的自我。

人间异色

——沃伦杯和《霸王别姬》中的情与欲

鲍文炜

在 2017 年第 89 届奥斯卡颁奖礼上，由巴里·杰金斯执导的《月光男孩》经历了一场一波三折的乌龙风波，最终斩获奥斯卡最佳影片奖，也成为了首部获得该奖项的"同志"题材影片（图 1）。BBC 记者 Lizo Mzimba 在一篇报道中这样说：

> 面对如今美国的政治气候，许多奥斯卡评委也许认为应当选出一部有分量的电影来作为回应。《爱乐之城》足够出色，但一部献爱洛杉矶的歌舞片在当下可能显得太空洞、太沾沾自喜了。

对黑人"同志"的表现，让许多人为它打上了双重政治正确的标签，并认为这是它最终夺魁的重要原因。《月光男孩》被认为是第一部真正讲述黑人"同志"故事的电影，然而部分观众却好像已经对"黑人"、"同性恋"等题材厌倦了，似乎政治正确一定意味着一种与艺术无关的投机和讨巧。一方面，

图 1　《月光男孩》海报

图 2　沃伦杯
大英博物馆藏

图 3　沃伦杯的另一面

奥斯卡的评委们用最佳影片奖的选择作为对政治环境恶化的回应；另一方面，许多人又希望能够让艺术去政治化，将艺术感染力作为唯一公平的评判标准。对于弱势群体，尤其是性少数群体，我们究竟说得太多，还是太少？我们又能否分开艺术、政治与时代的影响，将它们严格归置入不同的体系各作评价？

让我们把视线拉远一点，用一件文物的经历回答这些问题。

流动的情与欲

这是一件银制的大口高脚杯，我们今天叫它"沃伦杯"。它制作于两千年前的古罗马时期，表面的图案乍一看十分精美，细看之下却令今人咋舌：它錾刻的图案一面是一名带胡须的男子与一名年轻男性的性爱场景，年轻男性用力抓着垂下的吊环以支撑身体，一个男孩在门外偷窥着这一切；另一面，一名孔武有力的成年男子头戴花环，横抱着一名更为年轻的男孩，显然也是正在发生的性行为中的一个场景（图 2 ~ 图 3）。

放在任何一个时代，哪怕是两千年后的今天，沃伦杯都是一件雕饰华美、极为贵重的器物。它很可能是朱里亚·克劳狄王朝某位上层贵族或富人的所有物，曾经盛装过美酒或清水，在高朋满座的筵席中传递于奴仆与贵人的手间。作为一件造价不菲，又会出现于公共场域的日用器皿，它的装饰图案不太可能猎奇到逾越当时绝大部分人的接受范围，它恰恰反映了男性之间的性行为在当时的普遍性——炽热的情感，或至少是爱欲，曾经如此公开地发生在两个男性而非男女两性之间，成为一种司空见惯的日常生活图景（图 4）。

也有人认为，沃伦杯上的乐器、家具、服饰都是古希腊式的，两位年轻的少年的发式

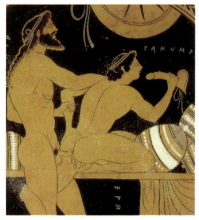

图 4　古罗马壁画中同性同榻而卧的场景

图 5　古希腊彩陶瓶画中也曾有过同性爱的露骨描绘

暗示着他们是自由民男孩的身份——他们垂下的发缕将在十六到十八岁之间被剪下来献给神，作为成人礼的重要组成部分。尽管赤裸、刻露、写实的性爱细节刻画带有古罗马时期特有的放浪和直白，但其描绘的场景实则属于古希腊。古罗马人通过对古希腊同性爱的幻想，产生了一种异文化想象带来的刺激（图 5）。

　　不管是哪种假设，沃伦杯都向我们指出，在古罗马的社会，或至少是贵族阶层中，对于同性爱现象的敏感性都不太高。如果说希腊人还会在艺术和日常装饰中小心地回避同性性爱，将年长男性与年轻男性之间的亲密关系视为"高等教育"的一个分支，强调男性爱人间知识和美德的交流，那么罗马人简直就在这方面百无禁忌，同性关系更多地伴随着肉欲的发泄，成为一种放纵生活的注脚。当然一些同性关系中也包含着真挚的情感，比如"五贤帝"之一的哈德良挚爱的便是一个名叫安提诺乌斯的美少年；但不管怎样，对于古罗马人来说，沃伦杯上的图案一定不会让他们条件反射地想到"政治正确"。对于人类欲望的不同形式，他们真正地做到了见怪不怪。

　　在今天，说起性少数群体就像说起一群"外星人"，好像与一般的异性恋存在一条泾渭分明的鸿沟，他们享受自己的乐趣、争取自己的权益、遵循自己的生活方式。但沃伦杯向我们展示了一个"天下大同"的古代社会，没有人对别人的欲望呈现方式太过惊奇。性，不管是何种形式的性，都是生活中司空见惯的点缀，不必看不起，也没什么了不起。对"想爱谁就爱谁"（喜剧《象鼻虫》，罗马剧作家普劳图斯）的罗马人来说，性之取向并非一个一生不变的概念，而是呈现出更加开放、多变和不稳定的状态。

　　说得更远一点，人类的"爱"也和欲望一样具备复杂的复合态，渴望、羡慕、垂怜，甚至嫉妒、不甘……都可能成为一种"爱"中包融的元素。以陈凯歌的电影《霸王别姬》

图6 《霸王别姬》海报

为例，段小楼固然是娶了菊仙为妻，似乎是一个正儿八经的"直男"；但他从小对师弟小豆子，也就是后来的程蝶衣表现出超出寻常的关心照抚，会为了他的自由甘愿挨打，为了他的受罚反抗老师，为了他的受辱挺身而出——这是友情吗？还是师兄弟的感情？开个关公战秦琼的玩笑，要是放在古希腊，他们的关系模式也许就会被归入典型的年长男性与年轻男性的"爱"之中了。这种模糊处理并不是强行用"腐"的眼光看待一切感情，只是希望承认其普遍的复杂性；"友情"、"爱情"这样的简单划分，又怎么能够全然说尽人类情感的曲折幽深呢？也许放弃对于感情类别的门户之见和对爱之"纯粹"莫名其妙的盲目热衷，不以性向和刻板关系自建壁垒，我们才能够对人类情感的微妙精深产生更加深沉的体认（图6）。

爱者与被爱者，男儿郎与女娇娥

当我们回溯历史的时候会发现，古代意义上的男性伴侣间的关系和我们今天所认知的同性关系有着很大的不同。无论对古希腊、古罗马还是古中国来说，男性的同性关系都常常不是双方以平等的身份和立场产生交往的，往往在一开始就预设了一种角色关系。对古希腊人来说，当一个男孩接受完传统的基本教育之后，即被置于一个成年男子的羽翼下，受其引导，走向心智与道德的成熟。年长者称为"爱者"（erastes），年幼者称作"被爱者"（eromenos），"爱者"对"被爱者"是承担着教化、培育的职责的，显然也是关系中占绝对主导的一方。在沃伦杯上，我们能明显地在两幅图案中看出在性事中更强势的一方正是年龄较大、更为成熟的一方，这是一个典型的、合乎史实的古希腊或古罗马欢爱场景。

在古代中国，主动—被动的关系也同样明显，但和希腊罗马显然不同，体现的往往并非是年龄上的差距，而是社会地位上的差别，皇帝—宠臣内侍，豪族—家奴，官员富商—仆从书童等关系模式极为普遍。可能由于宗族制观念和传统家庭伦理的强大，人们常习惯于用男女的夫妻模式来类比同性之间的关系，这也影响和夸大了这种不平等关系。而这种男女关系的套用又向我们提出了有关性别认知的有趣议题，它在戏剧"男旦"的同性情感关系里显得尤为显著。到了清代，京剧受到广泛欢迎，京剧中的旦角由男伶扮演，往往因

[我本是女娇娥，
又不是男儿郎…]

图7　《霸王别姬》剧照
小豆子（程蝶衣少年时期）终于唱"对"了女娇娥和男儿郎

长相秀美而对名流巨贾产生别样的吸引力。在诸如陈凯歌的《霸王别姬》，严歌苓的《魔旦》和黄哲伦的《蝴蝶君》这样的文学、剧本或电影作品中，这种京剧名角（往往是在戏中扮演女性的名角）与男性的亲密情感引起了格外的关注和讨论。在《霸王别姬》和《蝴蝶君》的案例中，很明显地抛出了性别认知建构的问题——扮演虞姬的程蝶衣在小时候曾反复将《思凡》中的"我本是女娇娥，又不是男儿郎"唱反成"我本是男儿郎，又不是女娇娥"，而直到在小石头（少年段小楼）的强迫下唱顺了这句话时，暗喻着他在外力改造下重建了自己的性别认知，开始以"虞姬"，一个舞台角色，也恰恰是一名女性的身份展开自己真实人生中的爱恨情仇。学唱《思凡》的桥段成了电影中极为精彩的一个情节，将这种性别扮演背后对性别的认知变化含蓄又明白地说了出来，也成为了程蝶衣把人生当戏一样过的悲剧开始。尽管这不意味着真实历史中名伶和其他男性的亲密关系都是以同样的方式展开的，但它和《蝴蝶君》一样给出了一个全新的视角：这不再是一种古希腊古罗马式的男性间亲密关系的复制，而是与性别认知相关的更加复杂的案例（图7）。

欲望，谁的倒影？

尼采在《善恶的彼岸》中这样写道：

　　他们从自身丰富的经验中懂得了哪些特性使他们在天灾人祸面前依然能生存下来，而且永远是胜利者。他们称这些特性为美德……然而他们终于获得了幸福，解除了过度的紧张。周边大概没有敌人了，而且生活资料丰富，从而可以享乐了。于是旧的行为准则所强加的镣铐一下子被砸碎，因为那些行为准则看来不再是种群生存的必要条件，只能作为奢侈品和老古董残存下来。

对古罗马人来说，成为地中海的霸主之后，繁衍壮大种族的刚需不再那么迫切了，时刻保持警惕的神经也可以放松一下了。在完成征服和掠夺以后，对文化和美的要求开始滋长，对性本身的享受变得愈发重要，而获取性快乐的方式也越来越多元了。如尼采所形容的那样，古罗马人显然不是自始至终耽溺在纵情享乐之中的，身体的自主性、对性的开放程度，无不受到文明发展阶段的影响；国力的变化，外部威胁的解除，对希腊文明的向往，共同构成了性观念变化的复杂诱因。对情欲的态度像一种流动的客体，在政治环境和文化因素的变化中被动地受到约束或纵容。它似乎不应该成为政权颠覆或者社会危机的主要"背锅"者，而更像是一种现实的诚实映射。对于古罗马人来说，也许后来他们对情欲的放纵确实过了头，但天真地认为"古罗马亡于纵欲"将是一种过度的简化；荒淫是一面镜子，照射出的终究还是国家管理上的懈怠和政治的弛废。

对中国而言是怎样的情况呢？今年，武汉某高校有人拉出横幅，上写"维护中华民族传统伦理，抵制西方腐朽思想侵蚀"云云，希望同性恋远离大学校园。很有意思的是，在中国几千年的历史材料中，其实具有大量有关于此的记载，从帝王将相到巷陌百姓，都曾向我们呈现中国人对待两性关系的多元方式；尽管异性婚姻关系之外的其他情感和性的关系从未真正登堂入室，得到某种名义上的正当性，但却始终以暧昧的形态贯穿在历史之中。当然，古代的人们有些也和今天拉横幅的人一样，担心相对开放的性观念会对社会发展带来不利影响。《暧昧的历程》一书的作者张在舟在书中说：

> 人们会忧虑地感到，同性恋相对流行之时通常也是性规范普遍松弛之日。这时世风一般处于淫靡柔弱的状态，社会成员会倾向于奉行享乐主义的生活方式，会淡化自身的社会责任感，从而使得社会凝聚力下降，不利于国家的健康发展。

社会的活力下降渐趋柔弱和同性恋盛行究竟孰因孰果，或是否真正存在因果关系？不同人对此抱持着不同的态度，而我们可以确定的是，至少政治、思想和文化方面的剧烈变动对人们对性的认识会产生极大的影响。魏晋时期战乱频发，社会中便形成了放浪不羁、蔑视礼教、崇尚享乐主义的风气；宋元后具有强烈禁欲色彩的理学兴起，男女大防成为基本的道德要求，女性的身体和行动受到更加严格的控制，官妓逐渐被取消，反而使得男风成为人们释放欲望的通道。明代谢肇淛《五杂俎》中有言：

> 衣冠格于文网，龙阳之禁，宽于狭邪。士庶困于阿堵，断袖之费，杀于缠头。河东之吼，每末减于敞轩；桑中之约，遂难偕于倚玉。

图 8　《霸王别姬》剧照
男旦与上层阶级男性的特殊关系是受到
默认的"老规矩"

图 9　《霸王别姬》剧照
段小楼在批斗中将程蝶衣与袁世卿的暧昧
关系作为罪证列举出来

在娼妓受到严格管控的情况下，寻求龙阳之乐与当时的法律和禁令不算非常抵触，经济上也毋多耗费，以致风靡于士人阶层，成为一种极为普遍的现象。食色乃人之大欲，或明或暗，人们总需要为其找到一个宣泄的出口。在电影《霸王别姬》中，程蝶衣从民国初年到"文革"结束后的人生经历也反映了人们对多元性向的态度转变。程蝶衣小时候在表演结束后被送到张公公的寝室"侍寝"，在此过程中戏班关师傅、经理那坤和对方达成了一种"虞姬总有一死"（言下之意即男旦总会顺理成章地成为达官贵人的性伴侣）的无需多说的默契，从中可以窥见明清以降狎戏优伶的风气。而后程蝶衣与袁四爷之间开展出一段暧昧关系，人人心里都清楚，但从未有人提出过明确的异议。直到"文革"时期，这段绯闻却被批斗中丧失良知的段小楼作为控诉程蝶衣的"罪证"之一——在全民陷入癫狂，法制荡然无存的年代，同性爱从之前相对被宽容和默许的状态转而成为一种明确的罪名，涉事的"嫌疑人"可以因此被随意攻击和毁灭。直到"文革"之后的很多年，同性恋者仍然会因为与大多数人不一样的欲望而受到刑事和行政的处罚，这种情况直到 1997 年新《刑法》废除了"流氓罪"之后才宣告终结，但其留下的意识层面的影响仍在很多年后继续。而现在，"卖腐"却俨然成了不少网剧、明星的惯用套路，打同性爱的擦边球似乎尤受部分女性消费者的欢迎。短短百年，从《霸王别姬》中的年代到《上瘾》（一部讲述男性情感的流行网剧）爆红的今天，中国经历了政治政体的剧烈变革，公众对多元性向的认识和接受程度也随之发生着巨大变化（图 8 ~ 图 9）。

至于被认为是"腐朽思想"发源地的西方，倒是大多经历过对同性恋者判处严酷刑罚的阶段。且不说中世纪基督教实行严格控制的时期，近 150 年中，纳粹治下的德国曾用粉色三角星区别同性恋者，将他们送入集中营关押、虐待和迫害；1885 年英国颁布了完全禁止男同性恋的法令；而在 20 世纪 60 年代以前的美国，双方自愿的、私人场合下的同性性行为还是一种犯罪。"沃伦杯"在当代的经历，亦是一段公众观念转变的有趣见证：

一九二八年，（沃伦杯的收藏者）沃伦去世。杯面上惊世骇俗的绘画主题让银杯在他逝后多年仍无人问津。伦敦的大英博物馆和剑桥的菲茨威廉博物馆都拒绝购买。有一段时间，它甚至无法进入美国境内，因为杯上的图案过于露骨，激怒了美国海关官员。

一个由坎特伯雷大主教发起的博物馆拥有者组织还曾宣称要抵制有关这件文物的任何交易。直到20世纪末，民众对于多元性取向的认识大为改观，大英博物馆才于1999年收藏了沃伦杯，并成为当时入藏价格最贵的藏品之一。如今，它作为一件重要的展品被用来阐释古罗马时期人们的爱与欲望，而它本身也成为人们的性观念如何转变的最好见证。人们的情与爱，他们的欲望与身体，曾经，也将继续伴随着政治、宗教、思想和文化的引力潮起潮落。

回到我们文章开头的问题，艺术与其他政治、思想、宗教、文化的因素也许根本无法分开，对这些因素的响应常常构成艺术感染力的重要组成部分。既然情欲的选择与表达这样私域的事情从来都受到众多宏观因素的影响，那么奥斯卡选择为黑人"同志"写像的电影获最佳影片奖，以部分作为对政治趋势的隐性回应，似乎也没什么不可以。反而让我们感叹，今天的艺术作品不光可以像沃伦杯那样作为一面单纯的镜子，反映我们时代的爱恨情仇，也许更可以为那些曾经只能隐忍、伪装但一样美好的情感，争取更大的话语权和自由。

文明的记忆

"T形帛画"与"亡灵书"

陆天又

黄泉下的居所

西汉长沙国，瓜熟季节。

一位身份高贵，年约五十多岁的妇人，食用甜瓜之后不多时，暴毙而亡。惊慌失措的婢仆和家人围绕在她的身边，然而以当时的医疗条件，再好的医生也无法挽回她的生命——无害的甜瓜怎么会引发一场预料之外的死亡，这个问题应该深深困扰了当时的人们。

谜底要待两千多年后才得到解答。1972年，负责解剖妇人尸体的医生彭隆祥在死者的胃中发现了138粒半甜瓜子，同时又发现她患有多种颇为严重的疾病，包括胆石症和冠心病。科学家们认为，来不及被消化的瓜子证明了死亡降临于她大快朵颐甜瓜之后的两到三小时内，可能是胆绞痛的急性发作，诱发了一系列致命的身体反应，最终使她死于心脏病突发。

尽管最后时刻的到来难以预料，但对于死亡本身，当时的人们却准备得颇为充分。

贵妇的尸体——后来的考古学家确认她的身份是长沙国丞相利苍的妻子辛追，被有条不紊地用整整十八层衣衾包裹起来，衣衾之上，又从头至脚覆以多层丝织物，并用九道丝带捆扎。在内棺之上，还套有一层朱地彩绘棺、一层黑地彩绘棺和一层黑漆素棺。层层套棺之外，有置于东西南北四个方向的四个边厢，内有大量陪葬品。套棺和边厢外侧，是一个体量巨大、结构复杂的椁室。椁室外有墓室，中间所有的缝隙都被木炭和当地俗称"白膏泥"的混合土料填满。厚达1.3米的白膏泥土层之上，才是墓坑和封土。从墓口到最终安放尸体的墓穴底部，足足有16米之深。以现代楼房平均层高3米计算，人们为辛追夫人准备的死后长眠之所，近乎五层楼之高（图1）。

图1　辛追像

图2　古埃及墓穴中的假门

学者巫鸿认为，当时的人们为辛追夫人塑造了一个完整的、自给自足的绝缘空间。数量庞大的随葬品：漆器、木俑、乐器、竹简、陶器、衣物，甚至是食物和药品，似乎也能证明这一观点。辛追自此沉睡在几千年不曾被打扰的黑夜里，被期许在穿越生与死的界限之后，依旧能维持体面又富贵的生活。

考虑到辛追逝世时天气炎热，就算汉代的尸体防腐技术颇为高超，这样规模的墓室和陪葬规格，显然并非仓促赶工而成。在生存之时就考虑死亡之事——这不仅仅是古代中国人的信仰。距长沙国几万公里之外的古埃及，人们对死亡和来世的关注也同样密切。

古埃及人相信，人在世时就该着手准备自己死后的居所，坟墓即保存尸体之处，也是生人祭奠及与死者交流之所。在文明史中，坟墓本就是非常独特的人造建筑，它的设计能够体现一个民族、一个文化对于生死的认知。譬如，古埃及第4王朝开始的官吏和王族，开始习惯使用代表永恒的石头搭建自己的坟墓。这些坟墓主要分为地上和地下两部分；地上部分的重要功能之一是供品间，内设有一道封死的假门——死者的灵魂"巴"可以穿越这道门，从地下来到地面。供品间的食物既是给死者准备的，也为了召唤有可能因得了自由而一去不返的巴——这一设计与古埃及的木乃伊制作技术暗暗呼应：人们相信，没有了躯体，灵魂将无处可依；失去了灵魂，躯体毫无用处，无法复生；空有躯体和灵魂却得不到食物的滋养，即使在来世也不得安宁（图2）。

另外一个著名的例子是宏伟的金字塔，这些规模庞大的建筑需倾举国之力，自法老在位时就开始修造，即使无数工匠日夜赶工，也得耗费数十载光阴。有学者认为，被誉为"世界七大奇迹"之一，矗立至今的埃及吉萨大金字塔，建成时高达146.5米，重约590万吨，建成后三千八百年内，可能都是地球表面人类所建造的最高建筑物。在漫漫黄沙中，它们

图3 吉萨金字塔群

不单单是一座座帝陵，更像是一件惊世的艺术品，它用指向太阳、高耸入云的尖顶，向经过它的路人诠释着生与死的界限（图3）。

魂兮归来

对于古埃及人来说，坟墓被毁或者无人祭祀而在来世挨饿受渴，还不是他们担忧的全部问题。古埃及人认为，人死后必须要通过来世审判庭的审查。有一篇说教文这样告诫世人：

> 你知道，那些神在审判有罪的人时绝不心慈手软。
>
> 他们判决时只知道遵章办事。
>
> 最可怕的是，
>
> 这些神明作为审判官能明察秋毫。
>
> 不要用今生今世来衡量来世，
>
> 在那些审判官的眼里，人生不过是一瞬间。
>
> 一个人死后必须要为他在人世上的所作所为负责。（金寿福 译）

负责主审判的"阎王爷"是古埃及死后世界的主宰之神，奥西里斯（Osiris），死者理应向这位神以及各位陪同审判的诸神陈述自己不曾犯下的罪孽，以期通过审判。然而，哪个生者有和死后世界打交道的经验呢？怎么样才能安然地通过考验，得到永生？

图4　阿努比斯

"亡灵书"（the Book of the Dead）这样的特别"读物"便应运而生。所谓的"亡灵书"，并不是现代意义上装订完整，可以一页页翻阅的书。它更像是一种混合了人们在死后世界所需的一切咒语、经文和图画的奇特指南。与惯常的想象不同，亡灵书并没有通用的权威版本。也就是说，除了因为年代不同造成的差异之外，当时的人们很可能可以自行选择他们认为对自己死后之旅最有帮助、威力最强的咒语和经文，并请专门的工匠将它们佐以描绘另一个世界的图画，精心地书写和绘制在一卷卷莎草纸上。

这些看上去精美如艺术品的脆弱纸卷，曾是许多早期冒险家们的战利品，被成卷成卷地从埃及的土地上带走，成为他们个人或者博物馆的收藏。现藏于大英博物馆的"胡内法之书"（Book of the Dead of Hunefer）就是博物馆于1852年，自法国医师 Antoine Barthelemy Clot 手中购得的。

作为存世最为精美的亡灵书之一，胡内法之书的象形文字和插图都堪称大师之作。或许，作为皇家的书吏官，胡内法自己亲手书写了属于他的亡灵书。而在文物编号为 EA9901，3 的胡内法之书上，展现了亡灵书中可能最为著名的一个章节——审判。

这是一个紧张万分的场景。画面最上方，是胡内法正对诸神陈述自己的清白。左下方，狼首人身的神祇阿努比斯（Anubis）领着身着白衣的书吏官前往受审的区域（图4）。紧接着，阿努比斯亲自摆弄着天平，天平的一端是胡内法的心脏，另一端则是象征着真理正义之神玛阿特（Maat）的真理之羽。古埃及人相信，通过称量，可以得知此人生前所行是否为正道。若天平出现倾斜，心脏重于羽毛，那守在一侧的怪兽将会一口将不义之人的心脏吞下，死者的旅程也就彻底结束，自此灰飞烟灭，迎来第二次，也是最后一次死亡。

不过，在胡内法的亡灵书上，却出现了另外的场面。可以看到，摆放羽毛的托盘微微下垂，说明胡内法的心脏轻于羽毛，书吏官通过了测试。文字的发明者，鹮首的智慧神托特（Thoth）在一旁记录下了这一结果。在画面右侧，他被鹰首的战神荷鲁斯（Horus）带向奥西里斯的座前，以示他已通过考验。画面最左侧的阿努比斯神和右侧的荷鲁斯神手中，都持有同样的护身符"安卡"（Ankh），这是一个象征着生命的符号（图5）。

——胡内法成功了。在某种意义上，他终于打败了死亡。

亡灵书画面的古埃及艺术风格浓重且清晰；遵守正面律的人物表现手法，人物的头部

图 5　胡内法之书节选（最终审判）

和腰部以下都偏向一侧，但却有着正面视角的眼睛和肩部。用几道水平线划分了不同场景，所有图案是横向排列的，画面充实，空白处也有文字填满。人物的比例和大小也遵循尊卑之分，单独占据画面最大面积的是端坐于神座的绿面奥西里斯神。

在辛追的内棺盖板之上，覆有一张"T 形帛画"。被发现时，它的顶端尚裹有一根竹竿，四角依旧缀有飘带。帛画呈"T"字形，通长 2.05 米，图案保留完好。不少学者相信，这幅帛画的作用类似于招魂幡，而帛画上的图案，体现的是墓主人"引魂升天"的场景（图 6 ）。

魂与魄对应阴与阳，人体需两股精气力量共同协作，"人生始化为魄，既生魄，阳曰魂"。《楚辞》中《招魂》一篇，模仿中国民间招魂之术的语气，反反复复呼唤"魂兮归来"，不要四处游走，以免遇上凶险。一旦魂魄离开了肉体，前者将会变成孤魂野鬼，非但享受不了祭祀，还可能会惊扰活人。因此必须通过招魂仪式，将离开的游魂唤回，将安宁的逝者完整地葬入墓内。

在"T 形帛画"中段，可以看见一老妇，拄杖而立，着绣花锦袍，发髻上插有长簪，身前有男子举案跪迎——老妇恰似辛追本人的形象。画幅上端，有红日、金乌、扶桑神树、新月等象征天界的神话形象，画幅中下端，依次有人间祭祀和地府场景。

与胡内法之书中展现的最终审判画面不同的是，辛追的帛画有着竖向的布局。画师煞费苦心地安排着地府—人间的祭祀—升天的墓主—天界的顺序，即使没有任何文字说明，也让人一目了然。整幅帛画的线条舒展灵动，构图虽复杂，但并不繁乱。仔细看去，属于辛追的那个宇宙里，似乎有一股浩荡的风，自天界灌流直下，带动了仙人的衣袍、仙兽的翎羽；又似乎有一股蛮荒之力，扭曲了神龙的利爪、巨人的手臂。这是一幅和《招魂》一样带有精奇色彩的作品，体现出了中国古人浪漫又瑰丽的想象（图 7 ）。

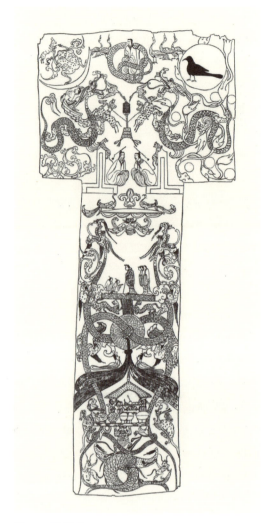

图 6　辛追墓 T 形帛画
湖南省博物馆藏

图 7　T 形帛画

　　送葬的人们高举着绘有辛追升天场景的魂幡，送别她前往另一个世界。他们以最真切的希望，祝愿她如同画上所示，最终升天成仙。换句话说，就和古埃及的胡内法一样，获得永生。

死而不朽

　　人死之后，从活生生可行走的肉体，变成面目难辨的白骨，这是大自然的规律，也是关于生死最直观的例子。那么，反其道而行之，使尸体从某种程度上"不腐"，将保存完好的身体留给"魂兮归来"的死者继续使用——这种在许多文明中都存在的现象，或许可以理解为一种人类对抗死亡的手段。

在当今世界，古埃及的木乃伊已经变成了一个众人皆知的符号。或神秘或恐怖，或充满异域风情，电子游戏、科幻电影、儿童书籍，甚至是主题乐园……这可能不在古埃及人的设想之中。他们精心保存死者尸体时，也许不会料到维多利亚时期的英国人会聚在一起，像拆开礼物那样拆开一具木乃伊，窥伺包裹了千年的秘密。而16、17世纪时西方将出现一款名为"木乃伊棕"的颜料，其中的一味成分正是磨碎的木乃伊。

整套木乃伊制作的流程，从多方面体现了古埃及人的生死信仰观。亡灵书中记载了这样的祷文："我浑身擦遍了盐，我咀嚼了泡碱，我呼吸了香料的味道，我听见了为我祝福的经文，我已经成为洁净的人，我的洁净程度超过了白鸟的羽毛，也超过了河水中鱼的鳞片……我已经达到了重生所需的洁净程度，我具备了复活的条件。"

死者的尸体被小心地切开，体液被抽干，被切开的身体经过泡碱、香料、酒精等的处理，以尽可能地防止腐烂。人活着时缺一不可的器官们被划分出了三六九等，其中最重要的几个：胃、肠、肝及肺放置在四个特制的"卡诺匹斯罐"（Canopic jar）中（图8），其余的器官，包括大脑，都一一从身体里移除。唯一的例外是心脏——由于在最后的审判时要被称量，以及被认为是真正用来思考的器官，它被保留在身体里。在下葬之前，祭司还要对木乃伊进行象征性的"开口仪式"，从此死者在另外一个世界也能开口说话，行走躺卧。

与古埃及的木乃伊不同，辛追的尸体并未经过干燥处理。出土时，人们惊讶地发现她的皮下软组织依旧富有弹性，关节尚可活动，内脏保存完好，甚至其手指和脚趾的指纹都清晰可见。负责解剖尸体的专家在《长沙马王堆一号汉墓古尸研究》中提到，辛追尸体之所以能保存近2100多年，可能是因为尸体的保存环境非常特殊。辛追隆重且准备充分的厚葬，让她的身体能得到清洗熏香等处理，并且及时密封于三重棺材中。在棺材中还发现了重约80公斤、呈茶褐色的液体，在棺液中检测出了酒精和朱砂的成分。再加上深埋于地下的墓室和墓室外防水隔热性能极佳的白膏泥，使得辛追长眠于一个隔绝氧气、光线、恒温恒湿、能够抑制腐败和自溶的环境中（图9）。

辛追的不朽是一场预料之中的意外，人们为了保留她的肉身而采取的措施显然极为有效，但她也因此从墓室之中来到博物馆里，变成了一件特殊的展品。古埃及的木乃伊也有类似的遭遇，从私隐到公开，昔日郑重其事的死亡，如今陈列于众目睽睽之下。

我们还未完全掌握生的秘密，我们也不知晓死，尤其是死后的世界。死后的世界究竟有什么，是天堂还是地狱，还是无尽又无尽的空虚？莎士比亚曾经借哈姆雷特之口，说出盘旋在许多人心头上的那个问题："死了，睡着了，什么都完了；要是在这一种睡眠之中，我们心头的创痛，以及其他无数血肉之躯所不能避免的打击，都可以从此消失，那正是我们求之不得的结局。死了，睡着了，睡着了也许还会做梦。嗯，阻碍就在这儿：因为当我

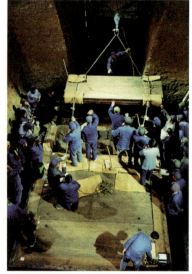

图8　卡内匹斯罐

图9　马王堆考古发掘现场

们摆脱了这一具朽腐的皮囊以后，在那死的睡眠里，究竟将要做些什么梦，那不能不使我们踌躇顾虑……谁愿意负着这样的重担，在烦劳的生命的压迫下呻吟流汗，因为惧怕不可知的死后，惧怕那从来不曾有一个旅人回来过的神秘之国？"

为了寻找这个问题的答案，我们的祖先曾做过无数了不起的努力，他们抱着最高的敬意看待生死。对于辛追和胡内法来说，他们来自不同的文明，各自拥有对生死的不同想象——今天我们重新去审视他们，能发现许多有意思的相同点。他们都信仰灵魂与来世，都希望得到永生，并为未知的旅程做了充分准备；他们将自己的信仰和想象记录在莎草纸和帛上；甚至他们都为肉身做了特别的处理，以期能在另一个世界继续使用。

正如一首古埃及的诗句中提到的那样，"死亡令我们沮丧，生存令我们快乐。但是不要忘了，用石头建成的墓室却是为了永生"。人类的生命是一段有限的旅程——由出生和死亡两个节点来定义，缺一不可。长生不老的是非人的神魔鬼怪，至于人类，只能单向地前往未知的终点。我们或许永远无法得知逝者们是否真的得到了永恒的安宁，但死亡的意义和答案，或许就藏在前行的道路上。

风景的观看记忆
——《溪山行旅图》与《尤利西斯的凝视》

杜甦

穿过微雨中的公园，踏着青石阶登上精心垒砌的小丘，风雨和缓却足以驱散游船喧闹的色彩，让目光不被电机声打扰，可以在局促的湖面上有节制地徜徉。这大约是在大城市里，我们所能找到的最奢侈的"自然风光"了。

我有幸生在一个"山清水秀"的城市，门前就是长江，举目便有青山，触手可及的山水成了我所有童年回忆中那层淡淡的衬底。暑假里我常去外公的书房读书。那房间幽凉安静，可我的书总是读得很慢，对着横贯东墙的一幅山水画，神游起来便忘了时间。说是山水画，其实不是绢本的图轴，而是几十片四五寸见方，手绘的青绿粉彩小瓷砖拼贴成的江南早春图景。近景楼台掩入碧树闲花中，游廊里几个裙袂拂地、衣带飘风的人物在眺望低缓的远山。外公常和我说，我们这儿古时叫夷陵，欧阳修被贬在此，失意间曾写下"水至此而夷，山至此而陵"：出了峡口就出川了，江流趋缓，山势也脱了奇峻变得绵邈起来，可仕途却难如这般顺遂。如今身在异乡，每每忆起畅游山水的幼时情景，那瓷画中的风景就叠印上来，我自己也仿佛化身为简笔勾勒的人物，吟咏着熟悉的诗词，在澹冶如笑的春光中借景抒怀。

对孩子而言，欣赏身边自然事物的体验比记事更早，一种无师自通的本能自发地调匀着五感，瞬间整合成以视觉为核心的记忆体。在成长中，我们叫出了桃树的名字，画下了第一朵桃花，写出了笔画复杂的"溪"字，在一遍遍诵念中记住了"芳草鲜美，落英缤纷"，学会了把那些优美的字句嵌进每篇日记……或早或晚，我们都要走出自己的一方天地，用风致各异的山水与人情去填满记忆。千年前的山水画，百年间的电影，都是前人从记忆中投射出的影像，循着这眼底光影的溪流溯源而上，不知将通向他们经历过的历史还是我们自己心底的故事？

通天径与桃花源

　　山水，在中国的历史上，是一个独特的观看、思考和表现的对象。名山大川被赋予"岳镇渎海"之名，在上古是三皇五帝"望于山川，徧于群神"的圣地，在秦汉是帝王眼里江山一统、天下归心的缩影，直至后汉封禅祭祀的格局收缩到中央，山水的宗教意义从政治意义中渐渐剥离出来，在六朝风雨中铸成了修行者的通天径与隐逸者的桃花源，在诗歌与绘画中先后撑起一个超然的题材类别来。唐代山水田园诗的绽放，呼唤出宋代山水画发展的一个巅峰。有郭熙作《林泉高致》，为后世画理定了个大调子："不下堂筵，坐穷泉壑，猿声鸟啼依约在耳，山光水色滉漾夺目，此岂不快人意，实获我心哉。"归隐田园、亲近自然固然美好，脱俗成仙更是飘渺的梦想，但又有几人能真的远避君亲去追求那样的生活。所以画中山水，贵在"可行、可望、可游、可居"，君子以林泉之心观画中山水，不过是为了在世俗生活中，借画家之眼偶尔一窥理想中的精神世界。

　　北宋范宽的《溪山行旅图》就是这样一卷"可游可居"的山水画，从中大约可以窥得古人所看所感的风景（图1）。可当我想要来描述它时，却突然自觉有些词穷了。我和大多数人一样，见过的国画真迹不多，不及卢浮奥赛游荡一日的所得。这幅画如今被尊为台北故宫的镇馆之宝，数年才展出一次，错过了就只能隔着影印本的一层纱，看个微缩模糊的镜像。印刷复制品所带来的观感折损，网上流传的通识文本不断重复的固有修辞，都在无形中影响着我们的观看。于是我对着图录，试着用平板电脑上的绘图软件临摹了一幅，虽可谓大不敬，倒也得了一点意趣。

　　原画是两米多高的画轴，尺幅巨大，但整个画面的三分之二，都被一座纵贯中轴线的"山"字形主峰满满地占据，余下三分之一的前景，则被浩森的云雾留白同这道巨仞完全隔断开来。也难怪自称在所有国之瑰宝中，对此画最为倾倒的徐悲鸿，要说它"章法突兀，使人咋舌"，时人看

图1　北宋　范宽　溪山行旅图
台北故宫博物院藏

图 2　溪山行旅图（局部）　驮队

图 3　溪山行旅图（局部）　行僧

图 4　范宽题款

多了四王笔下延绵不可绝的"龙脉"，自然要有些不习惯，最初的视觉震撼也由此而来。前近后远、近大远小、上轻下沉，这些是我们的眼睛遵从自然法则所养成的视觉习惯。西方文艺复兴时盛行几何构图法，以观者的眼睛为中心，依据这些透视法则来安排景物，以达到在二维平面上再现三维的空间真实，与中国山水画相对的西方风景画概念也是由此而生。《溪山行旅图》中的视角，却要时不时地挑战这些法则：密密麻麻的雨点皴以近似修拉点彩的笔法，高度拟真了崖壁的砾岩，墨色自上而下由浓转淡，峭壁顶端还要用重墨点出一片晦暗的密林，"远望如在座前"的压倒式观感就这样创造出来。正当观者为远山扑面而来感到无措时，从山峰间引落一线飞瀑，就将他的视线转移到了下段。一弯清溪从云雾中蜿蜒而出，注入横亘画幅的河流，河岸边是错落的嶙峋怪石。按画幅比例来判断，这些山石该是极近的，却要在上面细细地勾勒出草木葱茏，飞瀑之下、古树之后再藏一角萧寺，和树木、建筑的大小相比，怪石原来也是座不小的山峰，视线又再度被推远，似乎在另一个山头上俯瞰溪涧。山水画中的人物是观者移情画中世界的捷径，所以也是最需要巧思经营的细节。在显眼处的河岸边画一队商旅，驮队逆水面西而行，骡马难堪重负的姿态显示出这是段不短的旅程（图2）。然而，精心营造出这一片雄浑幽深的山中秘境，只为了世俗之人循着坦途从山脚下经过，为《诗经》中的"高山仰止，景行行止"做个图解吗？隐士范宽在中景左侧的巨石旁，还藏了一位独行客，服饰严谨似乎是位修行者，正转过一段难行的山路，放下行囊在云雾升腾的溪边坐下歇脚（图3）。台北故宫的学者李霖灿曾在商旅身后的树丛中找到了题款"范宽"二字，与这"另一位旅人"相比，哪一个会是画家藏在画里的自己呢（图4）？

追寻逝去的画中"真相"

《溪山行旅图》以俯仰叠加、时远时近的视角切换，引领着我们在高山溪谷间神游，在造化神奇中思考短暂人生的意义。这种移步换景的手法在文学中运用得很广泛，唐诗宋词、明清散文里的例子比比皆是。不过我想到的是普鲁斯特在《追寻逝去的时光》里假托主人公之笔写的一则短文：爱好文学的主人公"我"，和普鲁斯特本人一样是个敏感细腻的人，每每在散步时见到各种景物，会从那些形态、色彩、香味所留下的印象中捕捉到不可名状的快乐，也为自己缺乏文学才能、无力去揭示这些物象背后的哲理而苦恼。直到有一天"我"乘坐马车经过小镇，由远及近又再远离，沿途几次观察镇上的三座教堂钟楼，看到它们在视线中行进、停留、会合又消失（图5）。马车带着"我"的主观视角位移，湮灭了距离，折叠了空间，没有生命的建筑也似乎化身为栖息在原野上的大鸟，或是传说中在荒野蹒跚寻路的少女，这些意象化作鲜活的辞藻喷涌而出，让"我"兴奋得啧啧直叹，随着马车颠簸就急急地写成了自己的处女作。观看之道的改变，让"我"摒弃了记忆中日积月累的各种不准确的陈旧修辞，寻得了道出"真相"的方法。

《溪山行旅图》中的"真相"，又是来自于怎样的现实呢？前些年有一则新闻，说陕西省书画院组织了一批本省的画家学者，去寻访范宽祖籍所在的铜川县，根据对比地质风貌，论证出画中的溪山就位于当地的照金地质公园，据说还找到了酷似画中山寺的宋代寺院遗迹，证据灼灼。不过在这个公园景区的旅游指南中，开篇就写着"有华山之险，有南

图5　普鲁斯特描绘过的贡布雷的教堂钟楼

图6　陕西铜川照金地质公园的风景

山之秀"的字句，殊不知这照金山、终南山与画中山，哪个与哪个更相像（图6）？比照画中山水去寻找现实中的原型，这就如同伦敦的贝克街真的有了221B，《傅科摆》的读者夜游巴黎地下水道，真的在尽头找到主人公光顾过的酒吧。借用翁贝托·埃科"经验读者"的概念，我们可以说这些"经验观画者"所追寻的画中"真相"，仅仅是去验证艺术作品中有哪些枝节符合自己"经验中的现实"，进而以这"写实之眼"所看到的麟爪，去反噬"真实"的世界。

　　范宽与五代荆浩、宋初李成一样，在历史的书写中被塑造成真正归隐林泉，在隐逸中悟得画道的宗师。米芾的《画史》、郭若虚的《图画见闻志》、宋徽宗主持编订的《宣和画谱》，这些文献与范宽年代相近，都曾为他着了不少笔墨。根据这些文本的记载，范宽早年师从荆浩、李成，后隐居终南、太华山中，也常在秦岭太行王屋一带游历，所以他看在眼里、记在心里的山水，都带了关陕一带的风光地貌特征。然而落在他笔下的终南山，却不能等同于某些"现代派国画"中的高楼大厦、烟囱吊车。《宣和画谱》里引述了范宽的艺术观："前人之法，未尝不近取诸物，吾与其师于人者，未若师诸物也；吾与其师于物者，未若师诸心也。"即便这些话不一定出自他本人之口，我们至少可以从中看出，宋人观念里的"真山水"，与近代从西方"拿来"的写实概念相去甚远。范宽从自己学画的三个阶段中概括出了艺术的三重境界，他所求的"真"是"造化"与"心源"的结合。"师造化"便是自主观察自然法则，这其中也包含视觉原理中的大小比例规律。郭熙所总结的"三远论"，正是符合几何构图法的视觉引导法则。然而无论是对画家还是对观者而言，我们所能感知到的"主观真实"并非只遵循透视原理这一唯一法则。普鲁斯特之所以能从一口浸了椴花茶的玛德莲小蛋糕中引出全世界最长的"砸脚"小说，正是因为他发现一个事物，从被我们感知的那一刻起，就与我们的所思所感交融在了一起，在我们身上变成了某种非物质的东西，记忆的经线与遗忘的纬线在长夜的梦境与失眠的恍惚中，交织出一幅杂糅了色彩、味道、香气与诗句的佩内罗普挂毯。

范宽得了"师心源"的妙法，在创作《溪山行旅图》时将自己隐逸修行的感触融入到山中行走的一个个片段的印象中。画家记忆中的山水，隔着千年来无数仰慕者的目光所堆积成的层层纱幕，与观画者游历山水的记忆互相重叠、互相消解，让我们听到了瀑布的水流、萧寺的钟声，感受到旅人的疲惫与寂寥；更有人潜入隐者的思想，从三座主峰中看出"世界中心"须弥山的影子，在飞落深涧直入萧寺的瀑布中阐释出"法源"。文人们在千年来不断塑造的隐喻意象也宛如在画面中被放大了。这也许正是画史上那段为人们津津乐道的《秋山图》公案中所蕴含的深意。

"失明"的观看之眼与褪色的记忆

近代以来中国绘画对写实的重视，很大程度来自于客观主观之辩对于西方绘画传统中"透视"观念的误读和崇拜。柏拉图《阿尔西比亚德篇》中，苏格拉底教导后来成为雅典传奇将领的少年阿尔西比亚德，为他阐释德尔斐神谕"认识你自己"：眼睛只有在凝视着镜中眼睛的瞳孔时才能看见自己，所以灵魂也只有在凝视自身所蕴藏的真理时才能了解自己。眼睛的隐喻运用在绘画中就是几何构图法，依据被认为是最高真理的数学原理来表现空间，将观者的眼睛投射到镜面之后眼睛的虚像（即没影点）的位置，制造出真实的幻觉。摄影与电影的相继出现，对传统西方绘画提出了挑战，这些新技术从机械原理上就遵从透视法则，捕捉现实并对它进行复制，重现它的各个方面、各个维度。电影甚至能利用人眼的视相残留，展现出事物的时间维度，立体主义、达达主义通过各种花招对绘画所做的尝试，电影全都轻易做到了，影像技术的变革也带来了人类观看方式的革命。

然而，在电影诞生近一个世纪之后，早期电影胶片也和绘画作品一样成为被收藏的对象。离开电影院进入博物馆的电影，在进入历史范畴的同时失去了"被观看"的功能，这些影像所承载的历史记忆也随之而褪色。在安哲罗普洛斯的巅峰之作《尤利西斯的凝视》中，这全能的第七艺术之眼就这样"失明"了（图7）。这部电影的主人公 A 与安哲罗普洛斯一样是位旅居美国的希腊裔导演，他回到希腊参加自己作品的放映活动，却因为影片内容存在宗教争议而被禁映，爱好者们自发聚集在集市里，肃穆地站立着聆听没有画面的电影原声，不远处一队宗教极端分子正举着火把渐渐逼近，一场冲突在所难免。"我们要跨越多少边境，才能够回家"？响彻广场的台词暗示这部"看不见"的电影正是安哲罗普洛斯另一部关注东欧政治变迁的《鹳鸟踟蹰》。这里是 A 的故乡，与儿时迥异的街景令他感慨，但这里却只是另一段"心灵归途"的起点，他要从这里出发去追寻"巴尔干的第一次凝视"——马纳基兄弟失传多年的三卷电影胶片。这些在一战爆发前拍摄的巴尔干最

图 7 《尤利西斯的凝视》导演
西奥·安哲罗普洛斯

图 8 《尤利西斯的凝视》电影截图

早的影像，正是 A（也是导演自己）所渴望找回的失落已久的"心源"。

在长达近三个小时的影片中，执拗的 A 跨越一条条边境，穿越满目疮痍的巴尔干半岛，终于深入到波黑战争重围之下的萨拉热窝，找到了收藏底片的电影资料馆馆长。老馆长告诉他，由于战争的缘故，电影胶片作为宝贵的资料都被封存起来不再放映。老人在 A 的鼓励下终于将三卷底片冲洗出来，此时城市里漫起了浓雾，A 陪着老馆长在雾中畅游萨拉热窝，享受回到过去般的短暂幻觉：在迷雾的庇护下，乐团在演奏音乐，年轻人在排演莎士比亚，朋友们在林间共舞……当他们沿着河岸漫步憧憬未来时，在雾气笼罩下的一段长长的"白场"中，老馆长一家被枪杀，观众最终也没能看到那最初的巴尔干影像，只剩 A 面对镜头哭着吟诵《奥德赛》中的诗句（图 8）。

奥德赛漫长的归乡旅程，史诗中的神明、巨人、海妖与女仙所隐喻的外部力量、外来诱惑和自身疑虑，在乔伊斯的小说里被投射进爱尔兰一个世纪的记忆，浓缩到都柏林短短的一天时间里（图 9）。热爱乔伊斯的安哲罗普洛斯在电影中塑造出的又一个"尤利西斯"，表面看来是剧情中奔波追寻的 A，其实它更是那双始终注视着巴尔干历史图景的"眼睛"——电影镜头。导演在片头字幕中引用了柏拉图的那句"灵魂若要了解自己，必得凝视自己"。A 在旅途中数次调换交通工具，从汽车、火车、货轮到一叶孤舟，行进方式的改变影响着"尤利西斯的凝视"进入风景的方式，让观众看到荒芜的茫茫雪原，看到暴雪中山谷模糊的轮廓，看到萧索的城市废墟，看到追逐破碎偶像的人群，甚至折叠时空重现出 A 的家庭记忆，模拟还原文字记载中马纳基被审判处决的历史场景。安哲罗普洛斯的镜头以娴熟的观看之道注视着巴尔干，这片瓦解中的风景承载了从电影诞生一百年来人类最激烈的纷争——整个 20 世纪的历史，从萨拉热窝开始又从这里结束。无论文学、绘画还是电影，艺术都在将艺术家眼中的真实转化成观看的对象，成为观看者记忆中的一部分，而群体的观看记忆就构成了历史。电影这个百年来最天赋异禀的"尤利西斯"，失去了我们的观看之眼，既看不到自己的开始，也看不见自己的结束。

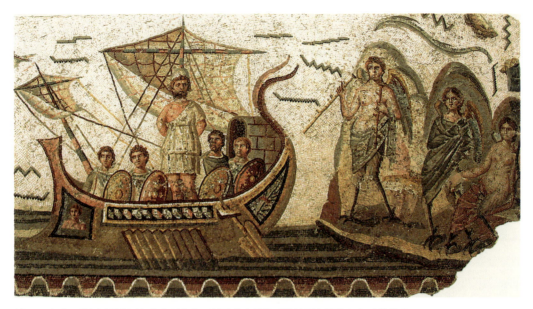

图 9　公元 2 世纪罗马帝国迦太基行省的一幅马赛克镶嵌画描绘了奥德赛与塞壬的故事
突尼斯 BARDO 博物馆藏

又一个新的世纪，影像技术每天都在刷新我们对"真实"的认知，用身临其境的维度拓展与纤毫毕现的清晰度不断地颠覆人们的观看体验。120 帧高清 3D 的视觉奇观如新沽的烈酒，让一些人沉醉眩晕，也让另一些人深思。李安在《比利·林恩的中场战事》中没有用它来还原激烈的战争场面，而是以"超"现实的特写来捕捉士兵面孔上最细微的表情，逼着我们去凝视银幕上那双尺幅巨大的眼睛。电影中那台偶然记录下 B 班"英雄事迹"的摄像机，就如同今天与人们寸步不离的便捷式手持设备，随时存储着我们所看到、感知到的风景与生活记忆，在社交网络中组织成我们的私人历史，展示在亲人、朋友甚至所有陌生人面前。观看与被观看的间隔只在一刹那，感官与记忆从未如此紧密地交织在一起。然而，让范宽找到"心源"的山林溪涧，在今天变成了彼此雷同的朋友圈，甚至连战争都可以作为最"独特"的景观博人眼球，也难怪饱受创伤的士兵宁愿选择回到战场去面对残酷的真实了。忙碌的眼睛在不断闪烁的眩光中渐渐失去观看的能力，影像所记录的风景也许不会再随着纸张而泛黄，而记忆却总会随着时间的推移而褪色，直到有一天某个微小而真实的事物、某一处似曾相识的景致不期而至，重启我们的知觉与情感……

失序的隐喻与象征
——《清明上河图》和《尘世乐园》

顾婧

在还没有机械复制的中古时代，人们对于以周遭环境、生命宇宙、灵魂内心的认知往往来源于那些技法高明的画家笔下的一幅幅图景。是他们选取记录下哪些人和物，是他们选择以怎样的方式来叙事，是他们塑造着时人和后人的"观看之道"。观看绝不等同于所知。正如约翰·伯格所言，"观看先于语言。我们见到的与我们知道的，二者的关系从未被澄清"。所见越多，所知越具有不确定性。

在古往今来、浩瀚的艺术史长河中，从没有两幅作品，像张择端的《清明上河图》和博斯的《尘世乐园》那样，在宏大的叙事中充斥着如此精妙的细节，在一幅画作之中暗含着如此之多的隐喻和象征，在表面的繁华和喧嚣之下潜藏着如此巨大的失序。

资本主义萌芽的见证

今天，当人们试图以感性的方式认识近千年前的北宋社会生活，无外乎都会追溯到这样一张意蕴深厚、感染力强烈的风俗画长卷——张择端的《清明上河图》（图1）。长卷以810多人、90余头牲畜、28艘船、20辆车、170多棵各类树木、130余栋屋宇，[1] 描绘12世纪初开封城的繁华情景。1950年，它在东北博物馆（今辽宁省博物馆）一面世就吸引了历史学、考古学、民俗学、美术学、艺术史、科技史、建筑史、动物学、气象学、统计学等多个领域学者的关注，以其丰富的社会生活图像，被称为北宋社会的"百科全书"。

宋王朝的京都汴梁是一座有着百万人口的繁华都市，由大运河和南方贯通。当时中国已经发展到一个前所未有的繁荣时期。8世纪末到11世纪，人口成倍增长，至北宋末年可能已超过一亿。[2] 活跃的货币经济使得商业贸易急剧扩大，农业、采矿业、纺织业、

图1 北宋 张择端 清明上河图
北京故宫博物院藏

漆器和陶瓷工艺的进步，以及印刷业的发展，都促进了一般生产力和文化生活的发展。

《清明上河图》以细致入微且真实入神的景物和事物，被认为是北宋社会和城市商业发展的重要见证。在最近的研究中，有学者以"模拟航拍图"的方式，还原了《清明上河图》中所表现的汴梁的绿化、灌溉、排水系统、港湾码头、多样化的建筑、文人园林，同时又以电子图像放大技术，探究画中家具器具、船只车马、衣冠服饰等所呈现的北宋生活风俗和社会面貌。尤其值得一提的是，长卷中的广告牌、算盘、抬称则直接反映出当时的生产关系和商业化程度。其中画卷前半部分在粮船码头场，监工或雇主向苦力发放"签筹"的场景（图2），证实了在生产关系上，北宋出现了雇工现象和计件工资，在经济学界曾有人以宋代出现雇工为据将中国出现资本主义萌芽的现象提前到了北宋。[3]

张择端画下这一切的时候，欧洲人尚处在中世纪，资本主义萌芽的出现还要再等上几百年。15世纪的尼德兰（即现今的比利时、荷兰和卢森堡一带）是继意大利之后，最早出现资本主义生产关系萌芽的地方。这里是莱茵河、马斯河和斯海尔德河入海之地，地势低洼，水道纵横，海路和内河交通便利，自中世纪以来就是西北欧重要的贸易运输枢纽。随着城市的兴起，商业和各种手工业，特别是毛纺织业的发展，到了中世纪末期，尼德兰已是当时北欧最繁荣的地区。斯海尔托亨博斯（'s-Hertogenbosch）是荷兰南方一个繁荣的城市，它与北欧、意大利有着广泛的商业联系，来自欧洲各地的文化也影响着当地人的生活。

我们伟大的文艺复兴画家耶罗米尼斯·博斯（Hieronymus Bosch，1450～1516年）终其一生居住于此。他生前一直活跃于尼德兰文化的主流圈子，著名的贵族们，如哈布斯堡大公"美男子腓力（Philip le Beau）"的宫廷赞助，给他带来了丰厚的收入，他的居住地——斯海尔托亨博斯——通过财产估算，将他列为该城的第六大富豪。他的画作有的还被复制在昂贵的挂毯上。

1503年，尼德兰君主、拿索的伯爵亨利三世（Henry III of Nassau-Breda）继承了布拉邦特地区，并且造访了博斯的城市，委托艺术家为其进行创作，其中就包括那件不朽的《尘世乐园》（The Garden of Earthly Delights）三联祭坛画（图3）。第一个有关博斯《尘世乐园》祭坛画的书面记载，出现在意大利人贝亚蒂的游记中。1517年7月30日，贝亚蒂陪同意大利红衣主教一行到达布鲁塞尔，他们游览了许多名胜，其中有亨利三世的宫殿，也就是在这里，贝亚蒂第一次见到了这幅惊为天人的作品："上面画着大海、天空、森林和原野以及许多其他东西……白种和黑种的男人、女人呈现出种种姿态，各种鸟兽显得自然逼真。这一切是如此悦目和奇异，简直无法向没有见过它的人描述清楚。"尽管《尘世乐园》是一幅宗教题材的作品，但画家却在其中满腔热情地描绘自然环境和活生生的人。那些写实与夸张相结合的睿智，那些异想天开和滑稽唐突的场景，那些不惜暴露了人类弱点和弊病中最隐蔽的难堪画面，是博斯对于那个时代的写照。

图 2　清明上河图（局部）　把头在向力夫发放签筹

图 3　博斯　尘世乐园（内联）　1505～1510 年　木板油画
普拉多美术馆藏

历史的隐喻

如果把《清明上河图》比作一曲交响乐，今天我们已经能较为明确地划分出各个乐章，辨认出几乎所有配器。然而关于其主导动机，即长卷的创作动机、主题和思想内涵，至今学界仍未达成一致。无疑题名中"清明"二字是解开谜团的关键。六十余年来，国内外刊发了四百余篇介绍和研究《清明上河图》卷的专论和文章，[4]大致观点分为两派：一派认为清明指节令，也就是说所绘为北宋年间清明时节的汴梁盛景；另一派则相信"清明"二字隐含着更大的秘密——对"政治清明"的讽喻。

北宋官制很早就有监督行政权力的御史台，其监察的对象不仅包括位同宰执的同平章事，同时也包括皇帝本人。宋徽宗登基伊始，继承宋太祖建立的向文人纳谏的传统，向朝廷内外昭告，希望朝野对他的施政提出批评和建议，说得对，有奖赏，说得不对，不予追究。从北宋的人物画大师李公麟绘制的《孝经图之"谏争"》中，我们依稀可以见证国家权力与道义力量之间严峻对立的情景。在这样的引导下，不仅大臣纷纷上朝奏议，还出现了许多其他形式的进谏，比如诗谏、艺谏、画谏等，甚至于用演杂剧的形式进谏。

《清明上河图》不厌其烦地呈现街头巷尾的各种生活细节，可是张择端动情的笔墨一直持续到卷尾，竟无一丝祥兆：频发的火灾、撞车、撞桥、酒患，高额税负，城墙坍塌，焚毁文墨，满街流民……张择端把这一个个危机布局在画卷的各段角落里，在中段呈现矛盾高潮，在结尾处抛出质问。按照北京故宫研究员余辉的解读，画家在画末以"三问"（问病、问道、问命）表达了对当时社会弊病的隐忧和对朝廷的曲谏。[5]

除了反讽"政治清明"之外，前不久，美国学者刘和平提出了一种更为大胆而有趣的假设——《清明上河图》与王安石变法有着某种关联。其基本根据在于图卷中大篇幅描绘的汴河漕船和漕运（图4），汴河漕运是北宋经济的生命线。由于汴河上游（北段）冬季冻结，漕运只能在农历三月至十月进行，时称"春开秋闭"。为了提高汴河的利用率，加速漕运，王安石变法时一度试开冬运。如果带着汴河漕运"春开秋闭"给予的启示重读此画，就像踏上一次沿河商业之旅。画中呈现的并非一般繁华市井，而是一种特定的即由漕运带来的城市经济繁荣。王安石变法期间亦是汴河漕运变革时期，或者说是变法促进了漕运变革。[6]或许关于《清明上河图》的许多问题永远也不会有定论，因为这样的图像是有历史密码的，只有当时的人们才能够读懂。

隐蔽的象征

同样的历史密码也隐藏在博斯的《尘世乐园》三联画中。西方著名的美术史学者潘诺夫斯基在分析文艺复兴时期尼德兰绘画特征时，总结出"隐秘的象征主义"（disguised symbolism）这一概念，即中世纪的象征主义和当代的写实主义完美地融为了一体……象

图 4　清明上河图（局部）　汴河漕船和漕运

征完全并入了现实之中，以至于现实本身使人产生了一连串超自然的联想。这些联想的方向神秘地由中世纪图像研究的各种生命力所决定。[7]

没有一个现代人能自信地宣称，百分之百读懂这幅三联画，尤其是中联（图 5）到底指的是什么？为了找到答案，人们探讨了中世纪的炼丹术、占星术、民间传说、梦幻典册、秘教异传中真实的或想象的象征代码以及无意识，或者把它们结合起来进行探讨。

学者们从画中多次出现的、作为象征的猫头鹰入手（图 6）。有两种截然不同的观点：猫头鹰在高处俯瞰人世，象征渊博的智慧和道德的制高点；猫头鹰时常隐藏在黑暗里躲避光明，最能够代表恶魔之子撒旦。前者更多地为现代人所接受，而后者则恐怕更接近中世纪人们的观念。在博斯及其同时代人看来，猫头鹰是上帝的敌人，它花言巧语诡计多端，画中反复出现的猫头鹰是画家给世人的警示：要识破诡计，远离恶魔。

作为圣母兄弟会成员，博斯显然不满于当时天主教教会的纸醉金迷和纵欲掠夺。与意大利文艺复兴复归古希腊、古罗马不同，16 世纪的尼德兰文艺复兴则追溯西方古代文明的另一个源头——这里的人们将希伯来神学看作是自己的古典文化传统，他们热切地回归原始基督教那种富有活力的状态，希望以此改变已经腐朽而失去生命力的天主教体系。

20 世纪最伟大的艺术史学家贡布里希正是通过读《圣经》和《圣经》注解，在"破译"博斯作品上取得进展的。此前一般认为，《尘世乐园》三联画的灰色外联（图 7）描绘的是"创世纪"，[8] 而贡布里希则认为画面中上帝用手指着一本书，仿佛他在讲述所立之约。如果是这样的话，那么这幅画就不可能是再现上帝创世，而很可能是再现大洪水之后大地

图 5　尘世乐园（中联）

的情况。如此一来，中联所描绘的就当为大洪水之前地上生活的面貌——人类靠吃水果生存，色欲使人疯狂。他甚至认为"我们都可以有把握地抛弃《地上乐园》这个不合适的题目……这幅画的教名是'象挪亚的日子那样'，或许更简单地叫'洪水的教训'"。[9]

　　博斯在作品中建立了一种原创的、隐喻象征的图像模式，将基督教教义、文献典章重新以费解和隐喻的图像排列与构建。他将天赋才情发挥至极致，借基督教之名展现出这个世纪尼德兰地区人们心中与笔下的光怪陆离世界。

图6　尘世乐园（局部）　猫头鹰　　　　　图7　尘世乐园（外联）

繁荣之下的失序

现在，让我们抛开一切编码和解码的游戏，忘掉所有隐喻和象征的探索，回归到画面本身吧。

仔细品读这张《清明上河图》卷，可以将长卷分为五个自然段，[10]每个部分都以相关的景物为中心，并贯穿着一组激烈的矛盾和危机：一、村柳前后，以古树为中心视域，苦寒中瑟缩而行的流民和喧嚣热闹的官家队伍形成鲜明的对比；二、运河左右，以运河漕船为主景。描绘近郊的漕运和商贸景象，城郊繁华景象背后所潜藏的种种社会危机已在酝酿，尤其是粮船到港、卸粮、藏粮的情节；三、拱桥上下，展开城外拱与客船等诸多矛盾，达到全卷高潮——众人合力战胜船与桥即将相撞的险情，加上桥上出现的官官矛盾、民民矛盾和官民矛盾，交织成社会矛盾的中心点（图8）；四、城门口外，渐渐地进入了平民们的闹市区，在热闹的人群和兴旺的商肆中，浅露出社会的败相——护城河外清冷的百姓生活、效率拖沓的官驿、赶着去焚毁文墨的驴车和失守的城门；五、城门口内，描写市中心的名店和豪宅，穿插官府收受高额的税收、军队嗜酒等情节，铺陈了深藏在其中的社会危机和国家隐患。

商业贸易的日益发达，使得北宋的人口激增，财富猛涨，然而国家的兵力却十分羸弱。北宋相继战败于辽国、西夏，被迫割让土地、进献岁贡，朝廷税收日蹙，地方官吏腐败无能，武装暴动时有发生，文人士大夫陷入了党争旋涡……危机四伏没完没了，最终断送了

图8　清明上河图（局部）　拱桥上下

北宋王朝。一般认为，长卷绘制于 12 世纪伊始，彼时距离大宋亡国仅有 20 年。我们透过张择端的笔端，所见不仅是北宋汴梁的繁华，更是繁华之下所隐藏的失序社会。

　　如果说，张择端绘制的是城市的失序、国家的失序，那么博斯描绘的则是喧嚣背后内心的失序、灵魂的失序。徐徐打开三联画，与灰色的外联截然不同，内联斑斓夺目。左联画面描绘伊甸园场景，上帝将夏娃许配给亚当（图 9），动物自由栖息，正印证了"神就赐福给他们，又对他们说，要生养众多，遍满地面，治理这地"（创世纪 1:28）。右联画面则以深沉的色调描绘地狱场景，因在世间犯下了不同的罪，这里的人们受着各式的酷刑：一个长着树干四肢、蛋壳身躯的人似笑非笑地望着画外（图 10），右下方一只大鸟狰狞地将人吞噬，最慑人的是"地狱乐师"——人的躯体被悬挂在巨大的琉特琴、里拉琴和手摇风琴上，作为乐器的一部分以供弹奏。左联的伊甸园和右联的地狱被欢腾的中联所连接（图 11），背景风光中的五座尖塔喷泉和河流呈现出对称的中心结构，让人联想起凡·艾克兄弟《根特祭坛画》的中联《羔羊的礼赞》。远景的美人鱼和海骑士正在交媾，中景池塘中的女人们摆出各种诱惑的姿态，疯狂而贪婪的男人绕着池塘围成圈，前景各种肉体的欢愉已遮蔽了一切理智和节制。最初被上帝所赐福的性爱，经过世世代代繁衍却成为放纵感官的借口。

图 9　尘世乐园（左联局部）
上帝将夏娃许配给亚当

图 10　尘世乐园（右联局部）
白色的树人

图 11　尘世乐园（中联局部）

无论是伊甸园、地狱，抑或是尘世，博斯描绘的是世人从未见过的场景，也是数百年间笼罩人们精神领域的心魔。15世纪，瘟疫横扫欧洲，信仰岌岌可危，博斯将时人心灵深处的不安和恐惧，转为可感知的具体对象。博斯打开了潘多拉的魔盒，在尘世乐园的喧嚣中，人们读到了自己内心的声音，看到了自己模糊的面孔。

尽管相距数百年，远隔千万里，张择端和博斯都见证了他们所生活的时代正经历着前所未有的繁荣，并敏锐地洞察到其背后隐藏的危机和失序。他们以自己的天才，将这份忧虑编织在画中，留给同时代人和后来者无限遐思。倘若我们可以大胆假设，将《尘世乐园》三联画的中联换成《清明上河图》，大概张择端和博斯也会会心一笑吧。

〔1〕 余辉：《隐忧与曲谏——〈清明上河图〉解码录》，北京大学出版社，2015年，第48页。
〔2〕 转引自方闻著，李维琨译：《超越再现：8世纪至14世纪中国书画》，浙江大学出版社，2011年，第32~33页。
〔3〕 余辉：《隐忧与曲谏——〈清明上河图〉解码录》，第115页。
〔4〕 余辉：《隐忧与曲谏——〈清明上河图〉解码录》，引言第11页。
〔5〕 见余辉：《张择端〈清明上河图〉导览》，北京大学出版社，2015年，第72页。
〔6〕 刘和平：《从〈清明上河图〉看北宋宫廷绘画》，《紫禁城》2013年第4期。
〔7〕 李维琨：《北欧文艺复兴美术》，中国人民大学出版社，2004年，第12页。
〔8〕 三联画左右两翼平时折起，只有在重要典礼盛会，才会完全打开。收起时，人们只能看到灰色调的外联，其上绘有一只象征着地球的巨型透明球体，球体内部的地平线上升起山川、河流、村庄，以及一些叫不出名的生物，球体的外部、画面左上角，上帝俯瞰着一切。
〔9〕 E.H.贡布里希：《博施的〈地上乐园〉》，见徐一维译，杨思梁、范景中编选：《象征的图像：贡布里希图像文学集》，上海书画出版社，1990年。
〔10〕 将长卷划分为五个部分参考自余辉：《张择端〈清明上河图〉导览》。

《寒食帖》与伊斯兰书法

陆天又

无往不利的大帝

一张纸究竟能有多大的威力？

答案可能得取决于这纸上写着、画着、印着什么内容；生活中有各式各样带图案的纸，书籍、报纸、画作、符咒、纸币、证书、契书，甚至是一张稀缺的邮票……有的纸价值千金被视若珍宝，也有的纸随处可见被弃如敝屣。除去本身可能就非常昂贵的珍品，纸往往只是一种载体，其"价值"几何取决于纸上传递了怎样的信息；只要用对了方向，纸和笔墨可以比枪炮更有能耐——奥斯曼帝国的第十位，同时也是在位时间最长的一位苏丹，苏莱曼大帝就非常清楚这个道理。

苏莱曼大帝的盛名曾经响彻 16 世纪。他是令人钦佩和畏惧的君王，管理着一个幅员极为辽阔的帝国——鼎盛时期，国土横跨了亚洲、非洲和欧洲，光国境线就有 8000 英里长。这个在威尼斯使节眼中"高大消瘦，表情丰富"的苏丹，既能像狮子一样参加战役，攻城掠地，也能以羔羊一般的仁慈对待自己的臣民。他拥有出色的智慧和才能，亲自推动了教育、刑法、税收等方面的改革，主持编撰的法典，使得奥斯曼帝国的艺术、文学和建筑纷纷进入黄金时代（图 1）。

苏莱曼大帝的先祖们就以武功卓绝而著称。在继承父业刚满一年，他就领兵镇压了一场大马士革总督领导的叛乱，从此开始了自己的戎马一生——十三次大型战役，小型冲突不计其数，匈牙利人、西班牙人、波斯人都当过他的手下败将；从陆地到海洋，奥斯曼帝国的军队所向披靡，威震八方。

越是这样的大帝，越是清楚，想要让如此庞大的帝国长治久安，不断征战不是固国之

图1 苏莱曼大帝

计，完善的政治体系同样重要。苏莱曼大帝为自己的国家设立了一套完整的官僚体系，他勤勉的一生中，一共发布过十五万份文件，这些文件将他的命令从中央传至每一个角落。

为了要证明这些文件所承旨意真实不虚，所有的官方文件上必须要有清晰可辨的标记——花押。千万别看轻这枚小小的标记：它是顶级的伊斯兰书法作品，包含了丰富的伊斯兰书法与绘画元素，更是大帝无边权威和荣耀的直观证明。

古代中国、日本和朝鲜都有花押，也作画押、五朵云、花字，朝鲜称手决，它们的作用是在某些场合代替签名。由于采取了连笔的方式，所以书写起来更为便捷。有些花押还会夹杂符号、对汉字进行变形，在颇具个性、不容易被伪造的同时，更沾染上了艺术气息，因此也常被使用在书法或绘画作品上。宋徽宗就喜欢在书画上留下自创花押——初看只有一个被拉长的"天"字，仔细端详后方能发现，此字实由"天下一人"四个汉字组成，字与字共享笔画，首尾连接，四字简化为四笔，化繁为简，字境合一，符合为君者孤高至极的心态，是体现宋代美学思想的经典设计。

奥斯曼帝国诸苏丹所使用的花押与东亚花押有共通之处，本质上也是一种签字或签章。自奥尔汗一世（1285～1359年），亦即奥斯曼帝国的第二位首领开始，每一任苏丹都会有专属于自己的花押。因为很难在短时间内被复制，它们带有天然的防伪功能。苏丹的花押会由宫廷画师和书法家负责书写在所有已誊写好内容、准备发出的官方文件和信函上，也会出现在帝国所发行的钱币上。

苏莱曼大帝个人的花押由数道优雅的曲线组成，互相缠绕的线条在纸上交汇出了一个复杂的图形（图2）。有人从线条上读出了飞鸟的翅膀、大海的波浪——这种图形其实是组合在一起的字母，代表的含义是："苏莱曼，塞利姆汗之子，无往不利。"现藏于大英博物馆的一枚花押更进一步，在字母间的空隙处，填满了用金色和钴蓝色描绘的莲花、石榴、郁金香、玫瑰与风信子。花押的下方，还有一行骄傲的说明："此乃苏丹高贵的姓名签字，带给世界光明的崇高图案。愿这份旨意能够在永恒的造物主——真主的帮助与守护之下，发挥它的力量……"

整枚花押充满了独特的美感，有点像一幅细密画，但它却不是一般的艺术品——它代表的是一整个称霸世界的强国和它的君主。它的风格如此强烈，你不太有机会把它误认作

图 2　苏莱曼大帝花押

图 3　花押局部

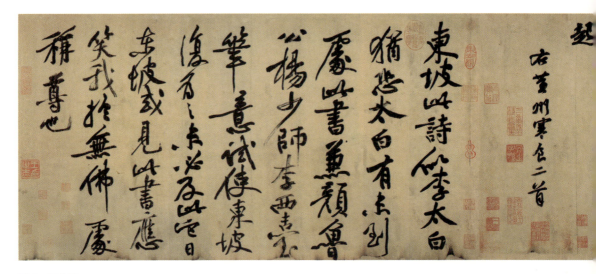

图 4　寒食帖
台北故宫博物院藏

其他文明的产物。极尽繁复的华丽装饰之下，是奥斯曼土耳其帝国的盛世威仪。画师竭尽所能，以令人目不暇接的细工，耗费难以计数的时间，仅仅为了描摹一个名字，好令见此押之人心生敬慕乃至敬畏之情——这是一个签名，这又不仅仅是一个签名。苏莱曼大帝用这种手段来具象自己的权力。无需别的手段，一枚纸上的标记就足够令人信服。在这枚徽记上，美即权力（图 3）。

被贬的诗人

凡有中国人之处，苏轼之诗词定被传颂。从宋代至今，代代孩童从"大江东去，浪淘尽"，学到"明月夜，短松冈"，一遍遍体悟着他的才情。从诗词歌赋到书法绘画，甚至是对美食的品鉴，苏轼的盛名已经流传了千年，变成了中国文化里避不开的符号。

苏氏一门三杰，苏轼与其父苏洵、其弟苏辙，皆享有文名。苏洵用两个与车相关的汉字为自己的儿子们取名，他在《名二子记》中解释过这个略显古怪的决定："轮、辐、盖、轸，皆有职乎车。而轼独若无所为者。虽然，去轼，则吾未见其为完车也。轼乎，吾惧汝之不外饰也。"苏轼之字为"子瞻"，苏洵希望自己的儿子如车前的扶手一般，虽不起眼，但绝不可缺。他还希望苏轼的人生之路，能够稳妥但行远，足以看尽远处的一切风景。

这个中国文学史上最伟大的人物之一，却并未如父亲所愿过完稳妥一生——他在中年时陷入了前所未有的黑暗之中。宋神宗元丰二年（1079 年），苏轼移任湖州知州，按惯例，到任之后，大臣需上表谢恩。这样一篇规定的文章，却被他的政敌抓到了把柄。御史何正

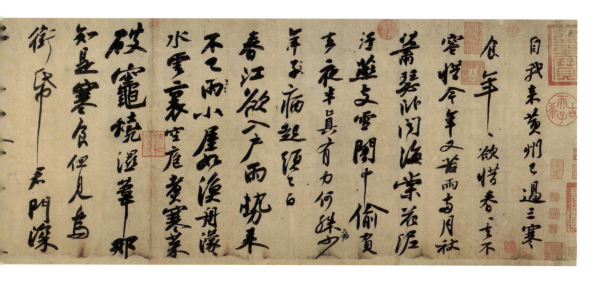

臣等人，搜遍了此表及他以往的种种文字，认为他故意在其中夹带讥讽之意，"愚弄朝廷，妄自尊大"，并列出四大可废之罪，还牵连了苏轼的一众亲朋。此一难，即为著名的"乌台诗案"。

苏轼的精神和仕途皆受到重大打击，他三番两次试图自尽，好在得到其他朝臣与当时的太皇太后仁宗曹皇后营救，最终免于一死，改谪至黄州团练副使。

被朝廷要求"思过自新"的苏轼，在黄州度过了四年寒暑。他在一片杂草中整理出一间得以读书的书房，取名为"东坡雪堂"。"东坡"不过是一片坡地，但苏轼却乐得以此为号，似乎他从人生的坡顶上滑落之后，洗尽铅华，重又获得生命。他于黄州留下了众多著名的作品，其中就包括《寒食帖》（图4）。

《寒食帖》，也作《黄州寒食诗帖》，是东坡于元丰年间的寒食节写下的诗稿，原作一共有两首诗。第一首的开头便是："自我来黄州，已过三寒食。年年欲惜春，春去不容惜。"两首诗总计一百二十余字，基调阴郁，已难寻到当年牵黄擎苍、千骑平冈的豪迈之气。

当苏东坡凝神提笔时，他可能并没有想到它们将成为自己最好的书法作品，被贬的诗人在荒野之中自然而然地写下自己的心境，使得此帖乍看之下，自由疏放有余，工整严密不足。东坡曾与好友黄山谷嘲弄自己的书体为"石压蛤蟆体"，他的字体往往不求俊逸，而是扁如大石下蛰伏的小小生灵。

中国书法既然由人书写而成，那么每一个字都可以体现出书写者的意识。有经验的鉴赏家，可以从纸上的墨迹中还原出书者落每一笔时的动作，进而解读出他/她的心情和品格。在元朝书法家鲜于枢心目中，《寒食帖》是继《兰亭集序》、《祭侄文稿》之后的"天下第三行书"。明末清初之书法家宋曹认为，行书应"如云行流水，秾纤间出，非真非草，离方遁圆，乃楷隶之捷也"——行书是一种中国书法史上影响深远的字体，它灵活多变，柔软中兼具风骨，同时具有艺术与实用性。在历代鉴赏家的心目中，东坡的《寒食帖》是行书中的上乘杰作。

人们能在他的《寒食帖》之中看出无尽的门道：那些黯哑如断弦的笔画，凌空而裂的断点，字与字之间似刻意似无意的空断，似乎都在传达出他的心声；黑色的墨迹之后，是一个真实的灵魂。这个灵魂，经历过荣耀，见识过大难，尝过落魄孤寂凌辱的滋味，知道生命的卑微。但他也没有矫饰自己的伤痕，而是默默剥开自己的内心，写一首关于顿悟和解脱的苦曲。作家蒋勋认为，"《寒食帖》看久了，逐渐了解不自夸、不卖弄、不矫情，对于一个创作者的艰难"。

人的灵魂是无形的，书写文字则能将无形化为有形。字是墨的痕迹，笔是手的延展，手是心的工具——是以见字如面，观字若观心。古往今来的见帖人，通过解读纸上留下的痕迹，得以与东坡的记忆共通。这份能对抗时间的默契，是人类文明延续过程中的点睛之笔。

书法的艺术

一个人必须经过经年累月的训练，才有可能成为一个独当一面的伊斯兰书法家——在伊斯兰世界的艺术体系里，书法，享有崇高的地位。一个书法艺术家的名声高低，取决于他/她（无论男女都可以成为伊斯兰书法家）个人的技艺是否精湛，也来自其师承关系。有名的大师会拥有许多徒弟，他们要学习的第一课是反复临摹师傅的作品，直到将书法的技巧内化于心。不是每一个人最终都会成为书法家——很多人选择提前结束学习生涯，以抄写员的职业谋生。余留下来的人在书法艺术的道路上继续精进，他们有的专门负责书写《古兰经》，也有的专门为王室服务。

看惯了中国书法的人可能会惊讶于伊斯兰书法的华丽无匹。这种视觉上的炫目效果既来源于阿拉伯字母本身，也与文化特质相关；阿拉伯字母共有 28 个，因字母结构的特殊性，使得伊斯兰书法具备了得天独厚的艺术效果。伊斯兰教义禁止偶像崇拜，在《古兰经》或清真寺内皆不能出现任何图像装饰，书法所承担的装饰功能因此而愈加强烈（图 5）。

伊斯兰书法也有多种字体，如因伊拉克古城库法而得名的、古老端正的"库法体"，柔美顺畅的"誊抄体"等。此外，人们常使用金色或其他彩色墨水进行书写，或如苏丹们的花押一般，将字母配有特别描绘的图案；将书法直接当作器物或者建筑装饰的情况也很常见（图 6）。

在伊斯兰书法中很少有独立书写的单词，字母与字母、单词与单词之间几乎都处于连结不断的状态（图 7）。书法家还掌握了复杂的"微写书法"，按照一些规律将单词和字

图 5　伊朗莫克清真寺内景

图 6　伊斯兰书法作品

خ	ح	ج	ث	ت	ب	ا
khaa	Haa	jeem	thaa	taa	baa	alif
ص	ش	س	ز	ر	ذ	د
Saad	sheen	seen	zayn	rayn	thaal	daal
ق	ف	غ	ع	ظ	ط	ض
qaf	faa	ghayn	ayn	Thaa	Taa	Daad
ي	و	ه	ن	م	ل	ك
yaa	waw	haa	noon	meem	lam	kaf

图 7　阿拉伯字母表

图 8　伊斯兰书法书写工具

母拆开，重新排列组合成一个图案。这种做法即便是在多用连笔、大幅简略笔画的中式草书和行书中也非常罕见，因为笔画和结构是辨认中国字的重要前提，且许多汉字本身的结构已很复杂，很难再被分解重组。

　　传统中式与伊式书法的阅读顺序都是由右至左，与现代习惯正好相反。但伊式书法在垂直及水平排列方式之外，还多了一种倾斜的布局方法，句子的结尾位置会高于或低于开头，就像一座座小山坡，横亘于页面之上。考虑到在倾斜句子之间添加内容会比在垂直和水平的行间更加明显，最早采取这种布局的是官方文件，为的是杜绝文件发布后经人擅改——后来倾斜布局也被视为一种优雅的书写方式，并被保留至今。

　　书法的表现力还与书写工具和媒介高度相关。伊斯兰书法的主要工具是芦苇笔，将中空的芦苇杆削去部分，露出尖锐的头部，即可蘸墨书写（图 8）。若要调整表现效果，可以直接修整笔尖形状；总体来说，尖中带方的笔尖非常适合书写阿拉伯字母。中国的毛笔则另辟蹊径，运用了柔软吸水的笔头设计，且发展出了一套详密的毛笔分类体系。不同形状、不同毛质、不同硬度的毛笔，在纸上能留下效果截然不同的痕迹。

在纸发明之前，羊皮或犊皮纸曾是最上等的书写材料之一。动物皮富含的胶原蛋白能使墨水和染料在纸上保持鲜亮的色彩，与伊斯兰书法的华丽风格相得益彰。纸传入伊斯兰世界之后，相较动物皮而言更加平滑的表面催生了一批流畅圆润的字体。古代中国对纸的运用更加登峰造极。云母笺、洒金、夹贡、玉版、净皮、单宣……通过对加工过程和原料配比的把控，诞生了各式吸水效能不同的品种。中国书法是一出关于墨、笔、纸与水的戏剧，想要让演出效果技惊四座，必须谨慎挑选能互相配合、彼此协调的参演者。

有趣的是，"能写一手好字"直到今天都是为人称道的优秀品质。但学会"书写"和掌握"书法"并不是同等概念。前者是一种技能，从孩童时期第一次握笔开始，我们就不断地学习涂划线条，好让他人能读懂这些线条背后的含义。尤其是汉字的字形复杂，数量庞大，就算是要记住常用字写法，都需要经年不断、持之以恒的练习，直到提笔时能自动形成反射为止。后者的评判标准则更为深奥，能够熟练运笔只是书法的第一步，中国以及伊斯兰书法当中都有对"心手合一"的要求。若书法家的精神与肉体能配合默契，他们将能从为字体、笔触乃至一切外部条件所控的局面中超脱出来，获得随心所欲的自由。

不管彼此之间有多少相似或不同，在两种古老文明的语境中，书法，都是拥有完整审美体系的艺术形式。正如我们能从《寒食帖》中读出苏轼人生中最特别的一段记忆，苏莱曼大帝的花押象征着帝国的荣光。落魄的诗人和威武的帝王之间似乎隔着千山万水，但他们的记忆却能在笔墨之间永存——这正是书法艺术的魅力。书法承载信息，也再造信息。它传递情感、表达灵魂，它是美的化身。

书踪画影

——《凯尔经》与雕版《西厢记》

徐绯璇

"河出图，洛出书，圣人则之"。"河图"与"洛书"这两组点阵图形的出现早于文字，在《易经》中被阐释为中国古代文明的源流象征，后人据此发展出谶纬术数、八卦太极等诸多门类的传统学问。"图书"在现今语境下已不再囿于"河图洛书"的推敲，然而它的词源典故，也折射出图画、文字与书籍亘古以来折蔓连枝的交缠和牵系。

人类的阅读行为，既有对文字、符号和图像的审视与解读，也是同书籍这一物质实体进行的视觉与触觉上的交互体验。历数我们读图认字的对象：名物图解，画谱绘本，立足图像解经的中世纪彩饰手抄本《凯尔经》，文格画意相映成趣的明代雕版《西厢记》……在不同的文明体系里，大到社会结构、文化场域的变迁，小到印制装帧工艺的演进、审美格调的莫测浪潮，都让图文对话的形式与题材日益广阔丰饶。

宗教之手

回溯人类文明的早期历史，书籍制作与印刻技术突破的背后，似乎总能看到宗教这一影影绰绰的推手，个人层面对教义的解读重构，大众效应上的信仰传播，都借由图与书的生产或观看得以实践完成。

《圣经》，作为欧洲文明的根基性典籍，大约是拥有最多种类插画的文本，在印刷术发明前以单篇手抄稿或抄本的形式被传颂阅读。诞生于公元 4 世纪的西奈抄本和梵蒂冈抄本（图 1），是最古老的希腊文手抄经卷，为研究《圣经》的文本特性、校勘释义提供了重要的实物证据，也展现了罗马帝国皈依基督教给羊皮纸制书工艺带来的有力推动。到了中世纪，教父解经系统与早期基督教圣像传统共同催生了彩绘手抄本的大放异彩。英文

图1　梵蒂冈抄本《圣经》

中特指手抄本纹饰图案的单词"illumination"原意"照明"，穷尽繁丽的页面装饰为文本增光添彩；不仅如此，遍布全书的首字母装饰、页缘画框、文段首尾押花无疑都是神光圣迹的彰显。

　　成书于公元8世纪的《凯尔经》便是个中翘楚。《凯尔经》是四福音书的拉丁文彩绘手抄本，融合了欧亚寓言传统里的动物图形，和凯尔特十字、单螺旋、三曲腿图、凯尔特结等几何纹饰（图2），以其繁密璀璨的装饰风格成为海岛艺术的代表作。海岛风格的手抄本，常常把巨大的装饰性字母置于篇章开头，动物则被画在文句末尾或需要强调的地方，辅以密密匝匝缠绕着的花叶与茎藤。全书采用"岛屿大写体"抄写经文，这种源自古罗马的字体呈不分段的长行，字母的高度统一，多为圆体，文段首字母被细密的红墨点包围（图3）。

　　《凯尔经》中的插图与纹饰，表现了经文中记载的耶稣生平事迹，基督教的象征图案贯穿始终。独立彩页中常见的螺纹大边框用于抵御黑暗的力量并保护《凯尔经》和它的作者们；这类方形纹饰也出现在中世纪教堂入口的雕饰中，祛除邪魅恶灵。四福音书作者马太、马可、路加和约翰分别以天使、狮子、牛犊和老鹰的形象出现（图4）；昭示耶稣肉身不朽的孔雀和狮子屡见不鲜，雀羽绚烂的眼斑宛如圣父全知全能的注视。奥古斯丁在《上帝之城》里讲述他把餐桌上一块新鲜的孔雀肉放置了三十天，不腐不臭，甚至一年之后也只是因为水分蒸发而尺寸缩小；圣杯的意象常表现为执杯的福音传道士或老鼠口中衔着的

图 2　凯尔特结

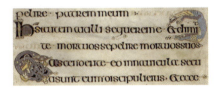

图 3　岛屿大写体

图 4　四福音书作者

葡萄藤；攀附在十字架上的蛇则是基督复活的隐喻，蜕皮后的新生仿佛自然界中最明确的圣显（图 5）。

　　早在公元 6 世纪，享有"教堂之鸽"美誉的圣科伦巴在苏格兰和爱尔兰地区设立了近九十间修道院，他把凯尔特基督教传到了苏格兰西部的爱奥纳岛，并成为当地的修道院长。修道院作为当地拥有知识传播信仰的权威机构，声誉甚隆。僧侣们多受过良好的文学教育，艺术修养不凡，《凯尔经》便制作于爱奥纳岛的修道院；后来由于维京海盗的频繁劫掠，它在公元 807 年被转移到了爱尔兰内陆地区，米斯郡的凯尔斯。此即为书名的由来。在漫长的中世纪欧洲，基督教会作为文化与精神生活的圭臬，与王权相互依存着渗透日常生活。修道院这类僧侣团体的出现极大促进了书籍的制作，经文典籍的抄本也在基督教传道仪式中扮演着重要的角色。

　　《凯尔经》出自僧侣之手且只此一本并非偶然，高昂的成本决定了它无法像后世的雕版《西厢记》一样批量印制惠泽百姓。《凯尔经》全书共 340 页对开牛皮纸，取自约 185 张完整的小牛皮。久负盛名的铁胆墨水渗透性强，取自凯尔特文化中被视为圣木的橡树的树瘤，用铁胆墨水抄写的经文，历经年月，鲜明如昔。彩绘所需的颜料大都从植物和矿物中获取，海岛风格的手抄本不设金银两色，其璀璨夺目的色彩却不输给金属的贵气（图 6）。黄料取自雄黄，红色源于丹铅，紫料原材丰富，贝壳、沙戟、接骨木的浆果、蓝莓、巴西苏木，造就了深深浅浅的墨紫、绛紫和丁香紫。

图 5　耶稣　　　　　　　　　　　图 6　凯尔经

　　然而无论是昂贵的小牛皮，还是采制颜料的人力物力，都远非平民百姓负担得起。中世纪欧洲的修道院尊贵而富有，拥有大块土地和雇佣的农夫匠人，为经年累月的手抄本绘制提供了坚实而稳定的物质支持。学界根据字母的书写习惯与插画构图的偏好推测，《凯尔经》至少由三位绘者和四位书写者完成。手执羽毛笔的僧侣在缮写室的每一次起手落笔，都灌注了对信仰的热忱，他们在解经的过程里完成了自我与神灵的交流。

　　巧合的是，几乎在同一时期，隋唐中国见证了雕版技术的方兴未艾。纸张出现以前，古代中国的文图可见于陶器款识、甲骨卜辞、青铜铭文、玉石刻辞和简牍帛画。东汉明帝时佛教传入中国，汉代的石刻遗迹里，除了以线条勾勒的画像砖，佛教典籍亦以摩崖、经幢和石碑等形式被刻在石面上，佛教徒们在篆刻念诵的过程中修功积德。

　　而雕版印刷术最初问世，也主要用于印制佛经佛像。贞观元年（627 年），唯识宗创始人玄奘法师远赴天竺取经，冯贽《云仙散录》中记载："玄奘以回锋纸印普贤像，施于众方，每岁五驮无余。"这是史籍中较早的、关于批量印制佛教版画的记载。而传世的唐代印刷品中最重要的当属唐咸通九年（868 年）刊印的《金刚般若波罗蜜经》扉页，出自敦煌莫高窟，现藏于大英博物馆，由七张印纸粘连成卷，经文与所绘的释迦摩尼说法图皆完整而清晰（图 7）。尽管会昌法难使得唐代佛教版画实物少存，但由相关文献亦可窥见当时民众信仰需求之盛。

　　两相对照，可见不同文明的发展进程中，宗教都像一只隐形的手，借由图书这一实体布道传经。无论是手抄的福音书，还是刊印的菩萨像，都为信仰传播与民众教化有意无意地提供了助力。而另一方面，呈现于书页上具象化的圣像，不拘于基督使徒菩萨佛陀，也在人与神、俗世与神界间搭起了一座可视可感的桥梁，信仰以文图为媒介，试图给纷攘的人间世带去秩序和慰藉。

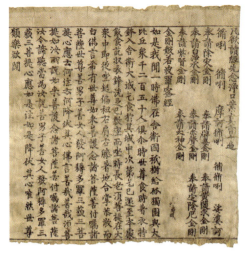

1. 经文

2. 释迦摩尼说法图

图 7　金刚经

世俗洪流

　　书籍与插画的艺术，却又远远没有止步于宗教题材与风格。《凯尔经》这样的手抄本以其布局之妙、装饰之精，成为修道院中备受膜拜的圣物，平日深锁匣匮，只有在重要的节庆礼拜仪式上，才被请上祭坛，供虔诚的信徒们遥遥注目观瞻。因大量的文字谬误而不适于日常翻阅，在中世纪迢遥无声的年岁里，细细鉴赏品读过它的解语者，便不过寥寥。但随着印刷技术的革新进化，书籍不再是高高在上的知识正统与信仰权威，反而一脚踏入了花红柳绿的俗世洪流。

　　中国两宋时期，雕版技术的长足发展与佛教开枝散叶相辅相成。宋太宗设立了译经院和印经院，画院中亦辟有佛道专科，佛画的印制有了艺术化与世俗化的趋势；民间的坊刻和私刻也蓬然而起，寺院的僧侣们施刊佛经以积功德。而雕版印制的题材也不再局限于宗教，儒家典籍、占梦相宅、农技医书、叶子牌等的刊印满足了市民多层次的文化需求，上海博物馆藏《梅花喜神谱》，便是由宋伯仁绘编、印于南宋末年的木刻画谱（图 8）。到了元代，更是出现了以小说戏曲插图形式印制的人物版画，这与雕版技术的日渐成熟是分不开的。

　　下至明代万历年间，市民的休闲娱乐生活愈加丰富，戏曲小说的风行推动了坊肆刊印的遍地开花，造就了中国版画史上的黄金时代。刻书业以地域粗分为三大流派，建安版画质朴稚拙，金陵版画雄浑劲健，而如日中天的徽州版画则以精工秀丽著称。版画是画工和刻工通力合作的民间艺术，可亲可近。然而市井俚俗之趣不入方家法眼，画匠与刻工常是籍籍无名之辈，表现手法也大多简单直率。徽派版画之所以异军突起，一方面，虬村黄

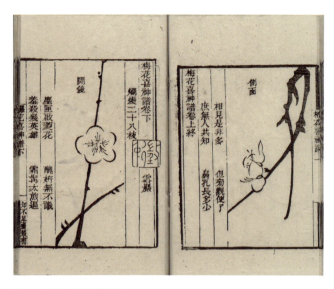

图8　南宋　梅花喜神谱
上海博物馆藏

氏刻工的精湛技艺功不可没，皖南地区宗族观念极强，黄氏以刻书为业，苦心孤诣，名匠频出；另一方面，徽州的画家不自矜身份，为坊肆提供了大量秀劲典雅的布稿画作，为版画增添了文人画的趣味与风骨。

《张深之先生正北西厢秘本》便是名工名画家联袂创作的结晶。刻工项南洲乃杭州武林版画的代表人物，刀法细致纤丽，线条流利舒展。画家陈洪绶字章侯，号老莲，更是中国古代艺术史上书画俱佳的全能型人物，不仅擅长以山水花鸟为传统题材的宫廷画、文人画，对插画、版画等民间艺术亦有极高的造诣。作为世家子弟，他的一生遭遇了家道中落与国祚灭亡，笔下人物常常夸张变形，画意疏荡而超逸，为晚明画坛带来几分古拙奇趣。他绘制的酒令牌具《水浒叶子》，四十幅英雄形象达诣传神，古朴灵动（图9）。

耳熟能详的《西厢记》是元代王实甫所撰杂剧，写崔莺莺和张珙婉转曲折的爱情故事。这一插图本共六帧版画，卷首《双文小像》里莺莺纤眉绣口，含羞带怯的神色十分动人（图10），其余五幅分别呈现了剧作里《目成》、《解围》、《窥简》、《惊梦》和《报捷》的经典场景。其中《窥简》一页尤见陈洪绶的绘画功力，屏风上的山石花鸟细入毫芒，衣纹利落匀净，而构图也用足心思。前景是莺莺偷看情郎的书信，神色矜持又专注，画面一侧红娘探出大半个身子，偷看的却是莺莺，体态俏皮，面带戏谑。"窥"之一字，对象既是书简，也是人心。左边两扇屏风绘孤鸟芭蕉的孤寂惆怅，右边则是蝶燕双飞的热闹美满，草灰蛇线地暗示了红娘传书之前因和待月西厢之后事（图11）。无怪于此版《西厢记》一出，一时洛阳纸贵，赞誉纷纷。

1. 宋江 　　　　　　　　2. 武松 　　　　　　　　　图 10　莺莺小像

图 9　水浒叶子

正北本乃名家名刻，引得文人画友竞相收藏，品鉴玩赏。但饶是如此，不同于《凯尔经》的奢华独一，木刻印刷仍是扎根市井的民间工艺，由于生产成本低廉，费工耗时极低，便可实现大批量复制而人手一册。它未曾被拘于庙堂楼阁之中，而是走进了寻常百姓的家里。木刻版画往往不施色彩，以粗细浓淡的线条和色块为表现手法，用黑白两色的交错对比赋予人物与风景灵动的气韵。

书籍中的插画，往往承担着图解的使命，图像似乎稍稍降低了阅读的门槛，作为更直观高效的表达，通俗而亲切。小说戏曲在元明时期本已是大众喜闻乐见的娱乐，其雕版插图本更是为明代新兴的市民生活平添了些许品评怡情的趣味。由于产量诸多造价低廉，即使是陈洪绶操刀绘制的雕版《西厢记》，也得以在街头巷尾交相传阅。明代熙熙攘攘的世俗社会里，雕版《西厢记》妆点了人们星光闪耀的暇戏时光。

反观西方社会，《圣经》这一经典文本依然吸引着艺术家们前赴后继地拿起画笔。从文艺复兴的丢勒，到浪漫主义时代的威廉·布莱克，都对《圣经》有过别具一格的视觉诠释。但插画艺术的触角也伸向了其他文学领域：《荷马史诗》、但丁的《神曲》、莎剧、《堂吉诃德》、诗歌、寓言、儿童文学……及至 19 世纪，欧洲印制技术突飞猛进，蒸汽印刷机使得大批量高速复制的书籍惠及普通的市民生活。

除了传统的铜版蚀刻凹雕和木口木刻，石板成为平版印刷中最为普及的介质，通过在石板表面涂绘油性材料后利用水油互斥的原理印制，方便省材，也能很好再现蜡笔或墨笔的细腻质地，从而刺激了版画家们创作插图绘本的热情。于是 19 世纪到 20 世纪初成为了

图 11　窥简

图 12　爱丽丝

西方插画艺术的辉煌年代，也同样催生了儿童文学绘本这一支派的发源壮大。刘易斯·卡罗尔的童话故事《爱丽丝漫游奇境》和续集《爱丽丝镜中奇缘》一直是画手们青眼有加的文学母题，最早的一套黑白插图由约翰·坦尼尔爵士绘制，怪诞黑暗，细密的线条勾画出对文本细节的巧妙挖掘（图 12 ）。

146

一人一书

插画不是次于文本的陪衬，书籍的设计艺术也不再是偏居一隅的灰姑娘。正如明清戏曲小说版画里可见陈洪绶、萧云从这样绘画史上闪闪发光的大名，19 世纪下半叶拉斐尔前派的画家们也积极投身书籍插画的创作中，使得这一门类的作品登上了聚光灯闪耀的舞台。紧随其后的工艺与美术运动带来了更加眼花缭乱的图书设计，从封面到插图，版式到装帧，新艺术风格里隐约还能听到中世纪手抄本枝缠叶绕的回声，但又由威廉·莫里斯、穆夏、比亚兹莱等人将"装饰感"推演到整饬、自然而富于现代性的极致。

类似这般跨越时空的审美继承与风格渐进，也同样见于中国古版画向现代连环画的发展。早至元代就有了《烈女传》这类以上图下文形式排版的小说戏曲插图本，兼具叙事功能与审美意趣；到了民国时期，出现了现代意义上的"连环图画"这一名称，用来称呼以"全图"展示文本情节的连续性画作，素材也从传统文学延伸到新闻、舞台，甚至使用原创的脚本。

从风声猎猎锦袍飞扬的中世纪，到明清时代的万家灯火酬唱言欢，由宗教主宰的社会走向世俗化的天地，中外语境下的书籍都早已挣脱阶级与宗派的桎梏，融入人们五光十色的文化生活之中。从每本图书的题材、制作、内涵与使用场景，我们得以勾画出一个时代的文脉、一种文明的气质。

得益于物质文化与工艺科技的发展，现今，每一个普通人都得以与图书建立起私密而亲昵的精神羁绊。从旧时光中走来的《凯尔经》和雕版《西厢记》，在现代眼光的打量之下，成为图像与文字呼应交融的绝佳范本，供学者、艺匠和芸芸大众以各自的视角去关照体会。人与物交互的神奇之处，在于无论材质的贵贱，成品是否独一无二，经由一双双巧手，神启在牛皮纸间显现，戏曲里的人物在木板上复活。这些图书打破了文字的疆界，将经文与戏文演绎成视觉的艺术，让人们看到意义，看到美，也看到文明。

审视"艺术品"这一微妙而模糊的概念，它似乎与"流行"和"批量生产"并不相悖，耗材贵贱与受众阶级也未必是准入的门槛，更勿论出现的场景与场合。我们得以借《凯尔经》和雕版《西厢记》这两个实例，去思量文字与图像的关系，艺术品与日用品的疆界，绘者、作者与读者意图的碰撞与交流，不同文化传统下对知识与美的应对与流传……那么，图书便不仅是滋养个体精神生活的良伴，而在人类文明的意义上，既作为载体，也是独特而敏锐的呈现。

文明的膏腴

王的雕塑

——权力驱使下的古埃及、古罗马与古中国雕塑比较

鲍文炜

　　强盛的帝国是世界文明史中的奇迹。回溯历史的时候，它们像一个个耀眼的光点，象征着人类之力所能创造的最为雄奇的共同体，标记着命运之神的眷顾如何西转东移。尽管它们最终如风烟般在历史中消散，但曾经穷极一国之物力创造的物质遗迹，尤其是世界各地不同年代的那些风格迥异的瑰丽雕刻，仍然镌刻着伟大帝国的名字，让今人有机会在瞻仰观赏的同时，比较不同文明的君主如何通过雕塑，炫耀各自的文治武功，记录帝国血与沙的史诗。

　　雕塑是人类最古老的造型活动之一。"艺术之始，雕塑为先"，[1]在旧石器时代晚期，已经出现了为数不少、已然相当成熟的人体雕像，[2]并且具备了生殖崇拜、巫术道具等复杂的功能；但当空前统一的庞大帝国出现时，雕塑的面貌和承载的功能也随之发生剧烈的变化。工具和技术的进步，使得雕塑的尺寸、数量呈现不断扩大之势，细节也变得愈发精细。相比绘画等其他艺术形式，雕塑无疑是一种更为旷日持久、耗费弥多的创造活动，往往需要投入成百上千倍的人力物力来加以开料、运输和雕凿。在生产资料和工具相对不那么丰富发达的时代，雕塑（尤其是大型雕塑）因而往往呈现出两个主要的主题：一为宗教造像，二为帝王、权贵造像。对宗教的狂热和统治阶级的权势驱使，成了各个文明中不惜工本开展造像活动的重要驱动因素（图1～图2）。

　　但即使是出于共同的目的，在不同文明中，相同题材的雕塑也往往表现出各异的特质。以权力驱使下的帝王雕像为例，古埃及和古罗马热衷于制作大型的帝王圆雕造像，而中国古代就几乎见不到这样的案例；暗藏帝国密码的雕塑常以更加隐晦的方式埋藏。古埃及的帝王雕塑呈现出某种脱离人性的端严庄正，而古罗马的权贵像则以摹写真实而闻名。它们被放置的地点、衍化的方式、传达的内容，都反映着不同的文化心理，从不同角度和

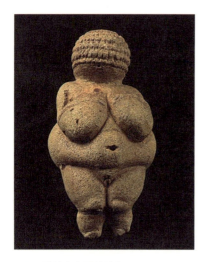

图 1　维林多夫的维纳斯
维也纳国家历史博物馆藏

图 2　劳塞尔的维纳斯
波尔多阿基坦博物馆藏

侧面彰显着帝国和君主想要展示的某种威力。可以说，雕塑为不同文明之间的比较提供了一个微小而重要的窗口，透过这些栉风沐雨、历经千年的艺术品，我们得以窥探不同帝国文明间的异同，帮助我们对人类的整体历史进行更好的解读。诚如英国学者 M. 波斯坦（M. Perstein）所说：“倘若要比较放之四海而皆准的普遍性，还必须超越一个个单独的地理区域或文化群体。”[3] 通过雕塑，我们对照不同文明的基因，探究一个个强盛帝国如何为自己写像。

巨像与埋藏：缺位的中国帝王雕塑

英国诗人雪莱曾写过一首名为《奥西曼狄亚斯》的诗歌："一张破碎的石脸，掉在近旁的沙土上，一半沉入沙里……石座之上还铭刻着这样的字句：‘我名奥西曼狄亚斯，王中之王；看我的丰功伟绩，强者，快自叹勿如！’此外，荡然无物。巨像的残骸四周，唯有单调而平坦的黄沙漠漠，无边无际，伸展到渺渺茫茫的天陲。"[4] 他的灵感来自希腊罗马时期的旅人对躺卧在底比斯附近的一座雕像的描述，"奥西曼狄亚斯"这个名字是埃及文"强大的正义者瑞"[5] 音译成希腊文的，也正是著名的埃及法老拉美西斯二世即位

图3 阿布辛贝勒神庙

图4 一年中只有两次（拉美西斯二世的生日和加冕日）
太阳会穿透足足160米深的神庙，直射在法老的面庞上

图5 不同的浮雕具备各自不同的意义，
这幅神庙浮雕表达了上下埃及的统一

时采用的头衔。这位建造狂法老将与赫梯人的战争场景以浮雕的形式刻遍了卡纳克、卢克索，以及在阿比多斯、阿布辛拜勒等地的神庙，而他至少有 9 座超过 20 米高的个人圆雕巨像，其他大大小小的雕像更是遍布埃及各地。如果我们考察罗马帝国时代的雕塑，可以发现同样能分为类似的两大类，即纪念性人物雕像（圆雕）和叙事性装饰（浮雕）。前者置于露天的建筑群空间中，后者装饰建筑壁面，虽然功能和空间场域与古埃及造像相比都存在很大区别，但装饰逻辑是相通的，而且不管以何种风格，都同样旨在突出统治者至高无上的地位（图 3～图 5）。

但中国古代雕塑中从没有出现过这样大规模的纪念性人物造像，更没有历代皇帝的圆雕像，原因何在？或许可以从中国古代的文化传统和思想观念中寻求解释。古埃及和古罗马的帝王雕塑或多或少带着一种宗教和神话意识，古埃及法老代代自认为是瑞神之子，拉美西斯二世便和每一任法老一样，相信自己会死后复活，成为俄赛里斯，[6] 获得永生，受人崇拜。巨型的法老雕塑天然使人产生压迫感和皈依感，它们木然肃穆的面部表情和法度森严的姿势抹灭了人的情感流露，正是某种神性的昭示。而希腊罗马的泛神论宗教具备一种人神一体的观念，神往往只是理想化的人性和人格的再现，这使得古罗马众多统治者的雕塑常常呈现出极为强健、优美的"近神"体格。相比埃及和希腊罗马浓重的宗教观念和神话传统，在佛教进入中国之前，中国始终没有出现过公众崇拜性质的造像艺术的高潮，也没有制作偶像的传统；对中国传统思想影响重大的儒道两家要么强调现世意义和入世的责任，要么宣扬"道本无形"的理论，认为"形而上者谓之道，形而下者谓之器"，[7] 最神圣的东西（如"天"、"道"）并不以物理形态显现自身。帝王作为帝国的最高统治者，往往通过一些祥瑞、象征物（天、龙、王气）来宣告自己皇权的正统性和作为皇帝的威势，而非用具体的雕像。但除了佛教造像外，中国的皇帝仍然会在一个地方大量建造雕塑以拱卫王权最后的威仪，那就是他们的陵墓。种种石俑、石兽，包括墓中的镇墓兽、人俑，既是一种通往冥府路上的保护和陪伴，也是帝王贵族生前地位的标志和象征。它们以另外一种更加曲折的方式，提供帝国风貌的掠影。

神庙、广场和陵墓：
雕塑的出现地点与权力威严的构建

中国的古代城市中并非完全没有出现过带有公共性质的大型雕塑。[8] 然而其数量着实有限，与古罗马发现的同等性质的雕塑不可同日而语。丹纳在《艺术哲学》中曾提到，罗马人清理希腊人制作的各类雕像时，发现在罗马城内的雕像数目竟然和居民的数目差不多。古埃及雕像数量也不少，但往往伴随在神庙周围，展现出一种王权加宗教权力威慑的复合形态。而中国被广泛发现的雕塑是墓葬俑，秦始皇兵马俑更被称为"世界第八大奇迹"（图 6）。

图6　秦始皇兵马俑

　　各个帝国大型雕塑出现的地点不同，考其原因，可能是因为不同帝国在城市形态与功能上具有较大差异，雕塑广泛出现的地点与不同文明的城市建设方式、宗教及政治形态都存在紧密的勾连。古埃及法老之所以选择神庙建筑周围竖立巨型的帝王雕塑，一方面当然是因为法老本身是作为神的人间代表而出现的，埃及的统治者不仅仅是通常意义上的君主，更重要的是"诸神和尼罗河两岸人民之间的中保"。[9]因此神庙墙上的浮雕和建筑内外的雕塑既有法老进行人间征战的史诗性质的题材，也有他与神明共处的景象，它们具备多重意义，既作为人间帝王产生威慑力的道具，也作为宗教神灵的化身宣告现世权力的来源和正统性，还可成为展现统治者文韬武略的宣传工具。另一方面，神庙具备一种"开放"与"神秘"的结合。除了在特定的狂欢的日子里，神庙内一般举行的宗教仪式，大众是无法涉足和参与的。[10]神庙外的巨型法老雕像因而以其庞大的体量和超然肃穆的风格在外部树立起一种拒人于千里之外的威严。而在宗教游行和公共节日的时候，诸神的雕像又从神庙的神龛中被请出，乘神舟（但仍隐藏在幔帐遮盖的船舱内）由一座神庙巡游至另一座神庙。此时的神庙成为一种城市公共集会地点，法老的形象被广大的人民所同时注视，获得一种公共意义上的开放性。这两个看似两极的特质叠加在一起，确保了法老的"威慑力"与"神圣性"被广泛地传达给民众。

　　罗马帝国则承袭了古希腊城邦制国家的许多特质，它的城市建设是围绕着以广场和神庙为中心的公共空间进行的。罗马帝国的雕塑大都运用于卫城、广场、竞技场、露天剧场、祭坛等公共建筑群中，成为整个市民文化的重要组成部分。对公众政治参与的重视，和对人体之美的崇尚，共同决定了罗马雕塑位于公共场域的位置和健美、写实的艺术风格，"既是一种美化城市的装饰性艺术，同时也是具有巨大精神凝聚力量和感召力量的象征物"。[11]

　　而汉代至唐代的各类雕塑大多服务于陵墓建筑，作为墓葬文化（明器）的一部分，并不以公共性和"被看见"作为目的。中国古代城市结构在文化功能上与古希腊罗马的城市有着明显的不同，没有产生出西方意义上的市民阶层，也没有类似的城市市民

图7　故宫

的公共生活。如果说古埃及的城市以神庙为核心，古罗马的城市以广场为主导，那么东方的城市是以庞大的帝王宫殿群为中心的（图7），是所谓"王者必居天下之中，礼也"。[12]古代中国的城市不具备西方城市那样宫殿和宗教场所的二元性质，帝王的宫殿自然带有居住、祭祀、仪典、仓廪等各种完备的功能，统治者完全可以在深宫中（往往也只在深宫中）完成日常起居和管理国家的各项事务，而没有必要和意愿向民众开放。与古埃及恰恰相反，中国的帝王并不以体量巨大的造型艺术来加强王权对民众的威慑力，他们更倾向于以神秘、封闭性和距离感来增强权力的威严。"非壮丽无以重威"，[13]只是被作为建造宫殿建筑时的指导思想，而很少涉及雕塑的创作中。只有在秦始皇横扫六国，首次实现大一统帝国这样的案例中，可以看到他在帝国根基未稳之时，销熔兵器铸为铜人，用巨型雕塑起到威慑四方的功能。而在宫廷之外，中国古代家族建筑基本以血缘为纽带，用围墙构建出向心力极强的家族院落，这种内向的"家族的精神"[14]和"公共的精神"是全然不同的，也使得中国城市公共空间中罕见大型雕塑的影子。至此，古埃及、古罗马和古中国的雕塑分别选择与神庙、广场和陵墓相伴，完成了半开放半神秘式、开放式和神秘式三种不同的权力威严的建构方式的阶梯。

静穆、英武与作为主体性的动物：
不同文明的雕塑风格比较

不管是哪个文明的雕刻艺术，只要其制作受到帝国统治者的权力驱使，就势必从某一方面或多或少地反应出帝国的威力与皇权的威慑。对古埃及和古罗马帝国的最高统治者来说，帝王或贵族雕塑都必须表现出应有的尊严和风范，只不过它们在艺术上的表达方式截然不同。德国埃及史研究者汉尼希曾说："古埃及的石雕像几乎全是相同的姿态，无明显个性，但它恰恰显示了比个性更有威力的性格。"[15]作为太阳神崇拜的人间代表，法老们的艺术形象与神合二为一，其基本特征是巨大、宏伟、面部冷漠、身躯高大、两眼凝神前方，呈现出一种剥离人类情感的超凡状态，象征着王权和神权结合下某种绝对理性的升华。以阿布辛拜勒神庙前著名的四座拉美西斯二世雕像为例，[16] 其所在地努比亚远离宗教管控的范围，又向来有反叛不安的传统，巨大神庙和法老雕像的建立，有助于在此地树立起拉美西斯二世的威望。神庙入口处，法老的身姿以一种稳固的姿态端正地坐着，双手平放在膝上，消弭了任何可以透露个性的曲线和姿态。他的面部并无任何冷酷狞厉之感，仅留一种没有表情的漠然。你会不由得对19世纪早期在阿斯旺发现它的瑞士阿拉伯语学者约翰·卢德伯格·布尔卡德的评价感到非常奇怪，他形容说"它比我所见到的任何一尊古埃及雕像都更接近希腊美丽的典范"。这句话要是能成立，那大概也能从侧面说明，古埃及的其他雕像该多么"泯灭人性"。正是这种超凡脱俗的冷漠，构成了埃及雕像的主要风格。

图8　奥古斯都像

　　如果说古埃及用摆脱身体与表情的个性、擢升精神理性以达到近神的目的，那么古罗马大概在以一种强化绝对身体之美的方式完成理想中神格化的帝王和权贵形象。罗马继承和发展了希腊的雕塑艺术传统，但对神的信仰转向了对现实社会的关注，神像雕塑逐渐被皇帝、贵族人物雕像所取代。古埃及的法老要通过雕像"去人性化"而接近神的形象；而古罗马的统治者要确立自己至高无上的地位，所要在形象上去接近的神，本身就是某种"更完美的人"。著名的《奥古斯都像》中，屋大维因风湿跛足的腿成了充满英雄气概的踱步，华丽的铠甲覆盖着虬筋毕露的肌肉，脚边还有一个小爱神来烘托其形象的伟岸（而屋大维实际上身材矮小），暗示他在具备铁腕的同时还是一位仁爱之君（图8）。一切身体上的不完美，都巧妙地被掩盖和转化，使雕像尽量接近理想美的原则。

　　不直接表现帝王的形象，古代中国服务于墓葬的陵墓雕塑如何能够折射皇帝的威望与帝国的强盛？秦始皇的兵马俑固然是一个绝佳的例子，用高度写实的风格最直观地表达了始皇帝至高无上的权威和帝国强大的军事实力，既展现了秦人务实的理性精神，又反映了"事死如生"的古代殓葬观念。但这样规模庞大的例子为历史中所仅见，其极端写实的手法和中国古代墓葬雕塑的一般风格也存在一定差异。事实上，中国古代的墓葬雕塑更普遍地存在一种表现动物的习惯，形成了一个以真实动物与幻想神兽为主要内容的陵墓雕塑世界，其中尤以马的形体表现为多。对马的各种姿态、活动的极尽表现，伴随着中国雕塑的兴盛时代从秦汉一直蜿蜒至唐后始终，其重要性近乎可以与西方雕塑中的人体相较，成为中国雕塑中最具人性色彩的形象。

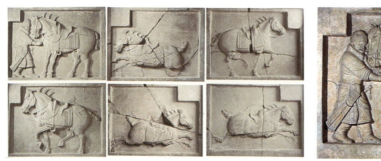

图 9　昭陵六骏

图 10　昭陵六骏之飒露紫

　　梁思成曾评"唐代陵墓雕刻，尤有足述者，则昭陵六骏是也"。[17]位于陕西礼泉县唐昭陵中的"昭陵六骏"石刻当可成为一个范本，以观察中国雕刻的风格，以及权力驱动下的雕塑如何在帝王形象缺位的同时依然呈现帝国强盛的掠影。昭陵六骏刻于贞观十年（636年），六骏是李世民在唐朝建立前先后骑过的战马，分别名为"拳毛䯄"、"什伐赤"、"白蹄乌"、"特勒骠"、"青骓"、"飒露紫"（图 9），象征唐太宗所经历的最主要的六大战役，[18]彰显他在唐王朝创建过程中立下的赫赫战功。马的雕刻浮度不高，但弧线强韧，形体得当，具有近乎圆雕的体积感。如果对比帕特农神庙柱廊饰带上的骑游队伍，会发现尽管马匹都呈现出矫健的姿态，但在昭陵六骏中马的形象已经不是一种虚化、模糊的动物种类和单纯的坐骑，而是有名字、有不同性格、有所代表和暗示的实体。它们凝结了战场的刀光剑影，开国的艰难苦辛和盛世之风华气度，成为一种具备独立性和主体性的表现对象。其中"飒露紫"被表现为中箭受伤的形象，唐军大将丘行恭正在一旁为它拔去箭枝，马首低垂，臀部后坐，似在强忍疼痛，显得尤为生动（图 10）。它最好地证明，人和马的关系在此明显不再是欧洲雕塑中习惯表现的骑驭关系，而存在一种与人互相感应、能够平等交流的状态。当唐太宗自豪地回顾自己的武功时，他将自己的坚毅、雄健和唐王朝的繁盛寄托在了马的身上：一来这样记录了真实的战场事件，也可以感念战马多次救主于危难之际，屡建奇功；二来纪念唐初开朝之时浴血拼杀之不易，铭刻创业之艰难；三来炫耀和强调自己为奠定大唐基业所作出的突出贡献，进而证明自己生前作为帝国君主的威望和魄力。帝王的真容没有出现，而由坐骑来代行了炫耀功绩、纪念勋业的功能，完成了对帝国辉煌的完美象征。

〔1〕　梁思成：《中国雕塑史》，中华书局，2014年，第3页。

〔2〕　此时期较为知名的雕塑包括奥地利摩拉维亚的维林多夫山洞中出土的"维林多夫的维纳斯"（又称"维林多夫母神像"，距今约三万年）和法国劳塞尔地区（Laussel）出土的"持角杯的女巫"（又称"劳塞尔的维纳斯"，距今约三万年）。

〔3〕　杰弗里·巴勒克拉夫：《当代史学主要趋势》，上海译文出版社，1987年，第271页。

〔4〕　译文出自杨熙龄译《雪莱抒情诗选》，商务印书馆，2011年。

〔5〕　Re，瑞神，也可译作拉神，古埃及神话中的神祇，为太阳神。

〔6〕　俄赛里斯，或奥西里斯（Osiris），大地之神盖布与天神努特的第一个儿子。与其姐妹伊西斯结为夫妇将埃及引向繁荣的伟大法老。被弟弟害死，死后成为地界主宰和死亡判官。是埃及最重要的九柱神（Great Ennead）之一。

〔7〕　《周易·系辞上》。

〔8〕　《水经注》卷十九载："秦始皇造桥，铁墩重不胜，故刻石作力士孟贲等以祭之，铁墩乃可移动也。"《史记·秦始皇本纪》载，秦始皇"收天下兵，聚之咸阳，销以为钟鐻金人十二，重各千石，置廷宫中"。1974～1975年间在都江堰曾发现东汉李冰像和插锸人像，李冰像前部刻有题铭三行："建宁元年闰月戊申朔廿五日，都水橼。尹龙长陈壹造三神石人，珍水万世焉。"中行八字题"故蜀郡李府君讳冰"。山东曲阜孔庙瞿相圃现藏两尊东汉圆雕人像，东侧一尊双手握剑，身下刻有"汉故乐安守鹿君亭长"等字。

〔9〕　戴尔·布朗：《拉美西斯二世：尼罗河上的辉煌》，华夏出版社，广西人民出版社，2002年，第54页。

〔10〕　卡纳克的多柱式庙堂是一个特例，拉美西斯二世下令将其对公众开放，并称其为"百姓赞美圣上美名之地"。在这里，百姓既崇拜诸神，也崇拜"圣上"，即拉美西斯二世本人。

〔11〕　常宁生：《权力与荣耀：罗马帝国与中国汉代雕塑艺术比较》，陕西人民美术出版社，2003年，第87页。

〔12〕　《荀子·大略》。

〔13〕　《汉书·高帝纪》。

〔14〕　黑格尔在《历史哲学》中国篇中提及"家族的精神"，认为中国纯粹建筑在一种道德的结合上，国家的特性便是客观的"家庭孝敬"。中国人把自己看作是属于他们家庭的，而同时又是国家的儿女。

〔15〕　汉尼希、朱威烈等：《人类早期文明的"木乃伊"——古埃及文化求实》，浙江人民出版社，1996年，第211页。

〔16〕　阿布辛拜勒神庙为供奉三位主神阿蒙、拉（瑞）、卜塔而建，是在整块岩体上雕凿而成的。它的入口正面是天然岩石雕凿出的四座法老坐姿雕像，每尊高达21米。巨像背后是挖空60米后建成的神庙的大厅和殿堂。

〔17〕　梁思成：《中国雕塑史》，第167页。

〔18〕　"拳毛騧"为李世民平定刘黑闼时所骑坐骑，"什伐赤"是李世民在洛阳、虎牢关与王世充、窦建德对战时所骑战马，"白蹄乌"为平定薛仁杲时所骑战马，"特勒骠"是李世民战刘武周大将宋金刚时所骑战马，"青骓"是李世民平定窦建德时的坐骑，"飒露紫"则为李世民平定东都击败王世充的关键一役中所骑坐骑。

书写的力量
——史墙盘与罗塞塔石碑

韩少华

罗塞塔石碑一直被看作是大英博物馆的镇馆之宝。对于参观大英博物馆的观众来说，罗塞塔石碑与古希腊帕特农神庙的埃尔金大理石雕塑，以及存世年代最早的中国绢画《女史箴图》一样，拥有相同甚至更大的重要性。抱着千里迢迢去一趟大英博物馆总归要见一面的心情，然而，见到后不免发觉罗塞塔石碑或许是三者中最没什么看头的一件。相比于透过大理石的材质而渐显的男性健硕的肌体，或绢质上飘渺动人的东方女性形象，罗塞塔石碑与一块黑漆漆的玄武岩桌板的差别也就在于上面密密麻麻刻划着三种不同文字罢了（图1）。

与之相对应的，我们难免会想到1976年冬天在宝鸡扶风县庄白村偶然发现的两处西周青铜器窖藏，这也是我国自1949年以来发现的规模最大的青铜器窖藏。庄白西周青铜器窖藏包括庄白一号与庄白二号，其中庄白一号出土了青铜器103件（图2）。

商人敬鬼神，周人重礼制。目前发现的商周文字，殷商甲骨文多以龟壳牛骨为载体，也有商代青铜器铭文，但字数较少，且以记载族名为主；而两周金文顾名思义多铭刻在青铜器上，进入西周中期之后出现很多长篇的铭文。

庄白一号青铜器窖藏中发现有铭文的器物达74件，其中尤以一件铸有284字的"墙盘"最为重要（图3）。

当然，今天去青铜器之乡宝鸡的青铜器博物院，于丰富到令人几乎不知道要看哪件的青铜器展示中，体形较墙盘大的、纹饰较墙盘繁复的、器形较墙盘更罕见的比比皆是。在博物院里与墙盘齐名被称为"镇馆之宝"的也另有何尊、折觥、厉王胡簋、秦公镈、卫鼎等。而墙盘上的284字，则好像一台发报机在无声的空气中持久地传播着一道加密的电文。可以想象，同馆展示的何尊等重器也一样在传播着各自不同的信息。

图 1　大英博物馆收藏的罗塞塔石碑

图2 1976年陕西宝鸡扶风
县法门镇庄白一号青铜器窖
藏清理现场

图3 墙盘
宝鸡青铜器博物院藏

　　这样的气场，应当也同样出现在展示着罗塞塔石碑的大英博物馆的展厅。然而，在两座差异巨大的展示场分别陈列着的墙盘与罗塞塔石碑，倒也不乏相似性。

　　墙盘上的284字铭文，可以分两段来看，铭文前段颂扬西周文王至恭王七代的事迹，后段记叙担任西周国史的家族——微氏家族的历史。因为作器的人是微氏家族的墙，同时担任周的史官，所以器物被称为墙盘或史墙盘（图4）。

　　在墙盘的铭文中，文、武、成、康、昭、穆、恭七代周王依次出现，印证了文献中对周代历

图4 墙盘铭文拓片

史的记载。在记载微氏家族的历史上，也似乎遵循着一种编年体书写的规范，从高祖依次记载至史墙本人六代。联系到器物主人的史官家族身份，铭文前半段对于七代周王的记述，就令人感觉不仅可靠，而且正统。

　　墙盘上铭文的前半部分内容，列举了历代周王，印证的是一段关于西周王族的历史。至于罗塞塔石碑，则提供了三种可相互对照的文字，以其中埃及托勒密王朝法老的名字为契机，帮助法国语言学家商博良解读出了古老埃及的象形文字（图5）。

图 5　Léon Cogniet 创作的商博良肖像

图 6　罗塞塔石碑上的铭文

图 7　上有托勒密五世侧面肖像的银币

　　罗塞塔石碑是埃及法老托勒密五世加冕时的纪念碑，由上至下为三种语言刻写的同样内容的诏书。罗塞塔石碑最上面 14 行是古埃及象形文字，中间的 32 行是埃及世俗体文字，最下面是 54 行可以被识读的古希腊文（图 6）。

　　托勒密王朝是亚历山大的部将建立的，其统治者相对于掌握并使用象形文字的埃及祭司阶层来说属于外国人。托勒密五世 5 岁登基（图 7），并与安条克公主克里奥帕特拉联姻。彼时的埃及与安条克，都是亚历山大大帝王朝的继承者，因此，托勒密或克里奥帕特拉这两个名字本身就是希腊名字。

商博良推测这些希腊血统的法老或皇后的名字在古埃及象形文字中的写法或许会是以拼音系统表记的。他最开始，通过石碑上相同内容的希腊文与象形文字，找到了"托勒密"这个名字在埃及象形文字中的拼写方法。随后，又比较了罗塞塔石碑与方尖碑，在方尖碑上找到了以同样的符号书写的"托勒密"，只是在方尖碑上的象形文字"托勒密"是竖着写的，无论是竖着写还是横着写，埃及形象文字中的的帝王名号都是用图章框起来的。很快，商博良在石碑上找到了用图章框起来的"克里奥帕特拉"的名字，这让他相信古埃及人的象形文字中也有一套拼音系统，用以表记人名。借助于保留了一部分古埃及语言读音的科普特语，商博良进一步找到了法老"拉美西斯"的名字，验证了其关于古埃及象形文字中也包含拼音系统的想法。最后，商博良前后花了 20 年时间，对比了大量文献，进一步弄懂了埃及象形文字的字母和拼写规则（图 8）。

之后的学者根据商博良破译象形文字的成果，进一步研究古埃及的语言和文献以及能互相印证的遗物遗存，终于有了今天蔚为大观的埃及学。

相对于每一个历史时期丰富多彩的社会风貌，我们可以认为君王的名称虽然贵重，但无非是一个简单的表记符号，无论是西周墙盘上的七代周王，还是罗塞塔石碑上的托勒密，都免不了消失在历史的尘埃中，甚至今天也未必能找到他们的直系后代。可不容我们忽视的是，每一代君王的名称同时也是一段包罗万象的历史时期的标识，他们的权力、荣辱、兴衰，关系到那个时期社会各个方面的变化。

因此，当前后七代周王或托勒密这样的名称被铭刻下的那一刻，一段历史也好像被赋予了神秘的力量，得到了被传颂的能力。

应该不难发现，墙盘铭文的作者与罗塞塔石碑文字的作者具有相同的身份。

在并非人人都通晓文字与书写的时代，或者说甚至大部分的人都不识字的时代，书写是一种特殊而隐秘的技艺。在人类文明早期，由一小部分人组成的、封闭的集体掌握了书写这种技艺，他们同时担负着沟通神与人的任务。应该说，最早的书写是为了给神看，由此带来的是文字与书写行为的神圣性。

商代的巫师集团在统治集团内占有很重要的位置，史官即为巫的一种，王室官吏中最重要的就是太祝、太卜、贞人等巫师，而主掌历史的太史也属于巫集团。书写用以记事，事、史同音，史、吏形似，在文字发展早期即有深刻的渊源，而这种由巫至史的书写往事，也标记在人类今天的行为模式中。

而在古埃及，只有少数祭司和书吏掌握了书写的方法，拥有书写的权力。当古老的象形文字运用在较为日常的领域中慢慢发展出世俗体之后，掌握并会使用象形文字的埃及祭司阶层逐渐成为了一个更为封闭的小圈子。为了与平民使用的世俗体相区别，仍然被坚持使用的象形文字被认为是献给神明的文字。埃及祭司阶层拥有特权，他们的地位与众不同，掌握并保存着古老的文化传统，这些特征随着希腊化的托勒密王朝的建立而得到强化。一方面，外来的统治阶层需要与这些担负沟通神与人的重要角色保持良好的关系，为了统治

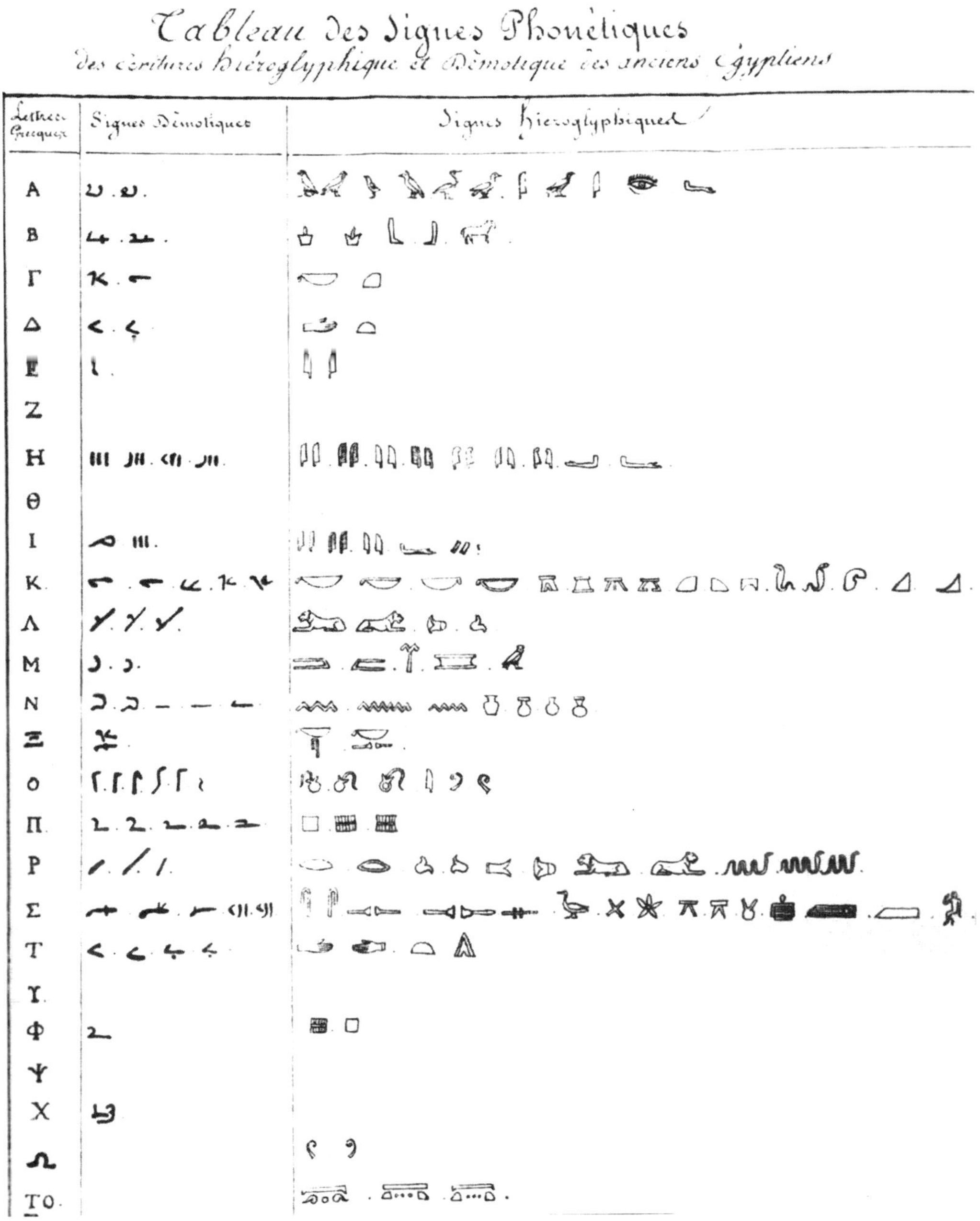

图 8　商博良编制的埃及象形文字字母表

数量巨大的人民而结成联盟；另一方面，托勒密王朝的统治者作为外来者，也需要不动声色地解开拥有巨大政治能力的埃及祭司阶层与埃及平民之间的神圣联系。因此，优越而尊贵的特殊待遇，成了毁灭古埃及文化的巨大武器，祭司阶层为保持特殊利益，在小圈子里代际传承着正统书写文化的同时，也作茧自缚让这种书写文化失去了作用对象。

　　墙盘铭文的作者与罗塞塔石碑文字的作者也处于类似的历史时期。罗塞塔石碑文字主张着外来王朝刚即位不久的年轻国王的合法性，而墙盘在追忆自己历代祖先的功绩之前先列举了一遍历代祖先所服务的周王的功绩。

商人通过不厌其烦的占卜与神沟通，获得在人间施政与征伐的合法性，因此神圣的文字也多留于卜骨；周人则通过繁复隆重而严格的礼制来界定国内各阶层的关系，因此其神圣的文字就多留于青铜礼器，尤其在周中期以后出现了越来越多的长篇铭文。

商周交替之际，周革商命是一条道路，周承商礼则是同一条道路的另一个名称。中原的新征服者通过严格的礼制强调其统治权的合法性的同时，他们从野蛮人变为了政治家。

从墙盘的铭文列举的七代周王事迹，我们看到了对于帝国权力的书写，而这种书写伴随着的是书写者对自身家族功绩的夸耀，这位书写者来自血液里流淌着掌握文字与书写特权的家族。

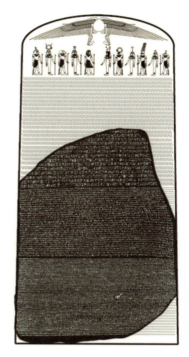

图 9　罗塞塔石碑复原效果图

从罗塞塔石碑文字的内容中，我们同样看到了对于帝国权力的书写，这种书写糅杂着书写者对神、对人民、对统治者的三重对话。石碑中段的世俗体是当时埃及流行的书写形式；石碑下段的古希腊文字则显出了对希腊化的统治者的尊敬与臣服；石碑最上端的象形文字，则是面向神的汇报，而且有可能除了神，就只有自己能看懂了（图 9）！

在这里，似乎很适合引用一句罗马帝国时代的希腊人普鲁塔克的话："与一个以语言和文学见长的城市为敌，该是多么可悲的事。"因为，文字是世界抽象的表象，在文字中蕴含着能量，这种能量以书写行为来释放。

臣服于托勒密王朝的古埃及祭司在亚历山大港望着他所感知的地中海世界，而辅佐历代周王的微氏家族的墙则在关中的周原望向中原世界，在他们的书写中，都完成了对其已知世界的表达，然而终究迅速湮没无闻。

罗塞塔石碑被发现时，已经用作建筑一座马穆鲁克军团的碉堡。而今，我们只能了解到罗塞塔石碑是怎样被发现的，又是怎样被破译的，以及怎样从埃及到了法国，再从法国去了英国；我们也只能说明庄白窖藏是怎样在偶然的机会下被发现的，发掘的经过，以及发掘的成果。然而，无论是罗塞塔石碑还是墙盘，各是因为什么原因被历史尘封那么久，

图 10　在拿破仑远征埃及的行动中，罗塞塔石碑于 1799 年在埃及罗塞塔港被发现

我们已然无法确知（图 10）。

　　然而，当它们一经发现，又迅速地像一台恢复了电力的发报机一样，侃侃地向我们发送着它保守了数千年的古代君王的密码。

　　根据刚刚去世不久的符号学家艾柯的观点，我们今天早已习以为常的书籍、报纸，是以树木化纸浆、再制成纸来承载书写与文化的，可以被称为"植物的记忆"。那么由偶然的因素而复活了的墙盘与罗塞塔石碑所承载的文化记忆与其中书写的力量，则可以被称为"矿石的记忆"。纸张具有强大的传播能力，无论是雕版印刷、活字印刷，还是古登堡印刷机，都让文化获得了得以广泛传播的力量。然而纸张难免脆弱，很难想象我们今天印数达数十万的书籍在几千年后还能剩下多少。"矿石的记忆"隆重繁复而不易传播，然而与纸张相比，这种过于正儿八经的载体让书写的仪式变得更加庄重，其样板也居然得以在千分之一、万分之一的几率下于今日复生。

　　最后有一点或许值得我们深思，今天的 IT 技术日新月异，而书写与阅读也正在渐渐向电子化转移，如果我们牵强地找出微电子设备所依赖的重要元素——硅，能发现这同时也是沙子的重要组成元素。我们能不能将即将到来的书写时代称作"沙子的记忆"？

圣徒的献祭

——圣艾格尼斯杯与敦煌壁画中的鹿王本生故事

韩少华

　　大英博物馆藏的圣艾格尼斯杯与保存至今的欧洲中世纪"财宝"一样，有着豪华的材质，高贵的流传历史，拙劣的画风，对信仰的幼稚表达，以及在有限且不规则的空间中巧妙布置多个不同场景的高超技术。在目前留存的中世纪艺术品中，它在神秘的隐喻技巧上远远不如一朵人造玫瑰，在细腻的人性表现上远远不如其后的文艺复兴时期的技艺。然而，与所有描绘有《圣经》或圣徒故事的中世纪艺术品一样，其外在的金碧辉煌与内在的诚惶诚恐，其材质的奢华与装饰内容的凄惨悲凉，以及其精致巧妙的布局构思与粗糙直接的表达，诸多造成巨大反差的特征，足以使它成为令现代人咋舌的艺术品（图 1）。

　　通体以黄金制成，饰以珍珠、宝石的圣艾格尼斯杯重达 2 千克，高 23.6 厘米，直径 17.8 厘米。与那些早已逝去的年代留给我们的其他艺术品一样，它显然也是一件财宝。

　　今天，圣艾格尼斯杯因其上描绘的圣艾格尼斯的故事而得名。艾格尼斯是公元 3 世纪末 4 世纪初的一位罗马贵族家庭的女孩，10 岁立志守贞。罗马总督的儿子爱上了她，为她饱受相思之苦。而艾格尼斯却屡屡拒绝男方的求婚，借口是已经有了心上人。艾格尼斯的父亲向省长承认他女儿信仰基督教并且决心把一生都奉献给耶稣基督。于是，总督下令要把艾格尼斯关进一座妓院里并要她献身于罗马的众神，并判罚艾格尼斯必须裸体骑马穿越罗马城。这个时候神迹出现了，马匹喘出迷雾完全遮盖住了艾格尼斯的裸体。直到抵达妓院，又出现了一位天使，天使放出耀眼光芒，不仅包裹住艾格尼斯，也使得妓院染上神圣的光彩，成为了一所向天主祈祷的圣堂。当总督的儿子造访妓院想要最终征服艾格尼斯时，恶魔出现并掐死了他。总督最终下令将艾格尼斯作为女巫公开处以火刑，而大火却绕过艾格尼斯烧死了刽子手。艾格尼斯最终因割断喉咙而死（图 2）。

　　在圣艾格尼斯杯上，一组图像描绘了圣艾格尼斯的完整事迹。图像几乎布满杯身，在

图 1　圣艾格尼斯杯　大英博物馆藏

图 2　多美尼基诺（Domenichino）创作于 1620 年的
油画《圣艾格尼斯》，英国王室收藏

图 3　圣艾格尼斯杯杯盖、杯身、杯座

杯盖、杯腹和杯足等处分成不同组，而画幅之间利用树木、廊柱做出巧妙的分割。虽然表现的是罗马皇帝君士坦丁时期的故事，而人物穿着却明显是欧洲 14 世纪的风格（图 3）。

艾格尼斯的故事与许多基督教早期圣徒殉道的故事大同小异，尤其是以使徒彼得为代表的在罗马帝国内部坚持传教、信教，最终为此牺牲的圣徒故事。

一般来说，都是某位教徒通过牺牲自己，来表达对上帝的虔诚，其事迹能鼓舞后来人保持信仰上的虔诚。而在其事迹上被艺术突出表现的往往有两个重要部分，其一是羞辱，

图 4　敦煌莫高窟第 257 窟北魏壁画《鹿王本生图》

其二是神迹，羞辱与神迹往往相辅相成，成为因果。另外，如果是一位女性圣徒，那么还会流露出一种母性的爱。

在圣艾格尼斯的故事中，被关进妓院是对立誓守贞的羞辱，而天使降临把妓院变成圣堂则是神迹；被罚裸体游街是羞辱，马呼出雾气遮蔽身体是一则神迹；公开火刑是羞辱，火焰绕过主角伤及围观群众也是神迹。比较微妙的是，总督之子的行为是一种羞辱，恶魔杀死总督的儿子是一种神迹。

当我们以这种羞辱与神迹并存的眼光来看类似的故事的时候，难免就会想到一则我们比较熟悉的佛教故事／道德故事——鹿王本生故事／九色鹿。

《鹿王本生图》是敦煌莫高窟第 257 窟的北魏壁画，绘于佛龛背后，表现的是释迦牟尼前生是一只九色鹿王，他救了一个落水将要淹死的人，而王后梦到九色鹿想要其皮做裘，溺水者告密引国王一众捕鹿，鹿王向国王说明因果再使告密者全身长出疥疮（图 4）。

这个故事在壁画中被分成 8 个情节：救人、受谢、国王与王后对话、告密、行猎、休息、指鹿、鹿王陈述，为了巧妙利用空间，这 8 个情节在壁画上的布局比较随意，并非按照严格的顺序。

本生故事，意在表现释迦牟尼前生"舍己救人"，其他还有诸如"舍身饲虎"之类。

在鹿王本生的故事中，我们依然能看到羞辱与神迹的组合：取鹿王皮是羞辱，鹿开口说话则是神迹；遭溺水者背叛是羞辱，使溺水者生疥疮则是神迹。

因为 20 世纪 80 年代制作的动画片《九色鹿》，我们对于这则佛教故事较为熟悉，然而，就在这种熟悉之中，却也埋伏了几个被无意或善意修正了的细节（图 5）。这其中最有趣的就在于九色鹿由女声配音，这点或许与观音在中国大多被视为女性形象有关系。其他比较重要的还有溺水者的身份，原典或壁画中并没有关于弄蛇的细节，而在动画片《九

图 5　上海美术电影制片厂的动画片《九色鹿》

色鹿》中，其弄蛇者的身份无疑给他增加了"贫贱"与"狡猾"两个无需明示的标签，这一方面也衬托出九色鹿的自我牺牲的伟大。

　　蒙受羞辱再展现神迹，与简单的舍生求道相比，是一种更大的牺牲。这也是艾格尼斯的故事与鹿王本生故事之间最大的共同点。而这种牺牲表现在图像上，无论是基督教还是佛教，无论是金杯的装饰还是石窟寺壁画，都不仅仅是对于信徒献身信仰的鼓励，也是对这种信仰的仪式的介入。

　　牺牲本来就是献祭仪式的重要元素，整个仪式都围绕着这一物品或者说行为展开。比如，早期基督教的殉道者牺牲自己向信仰献祭；基督教故事中更直接的是上帝要求亚伯拉罕以儿子献祭；佛教本生故事中佛陀的前世每次都以自己为牺牲；传说中，希腊联军统帅阿伽门农以女儿作为祭祀仪式的牺牲。当然，这种血腥的人牲仪式早已先后消逝，为其他形式所取代。

但是，带着这种视角再去看留存至今的宗教艺术品，应该能想象其在被创作出来之后，无外乎两个主要功能：一是参与祭祀过程，丰富仪式内涵，衬托仪式目的；二是在仪式仪轨逐渐消亡之后，取代仪式，让仪式变得更为私密性。以上第二种，在血腥程度上减弱了很多，因此更容易被复制，也不用兴师动众，观看起来也更加随意，反而获得了更加强烈的传播效果，不知道这是不是也算一种牺牲带来的神迹。

在神话传说与现实的对照中，能发现一个很有趣的现象，也即神话中的牺牲品很少真正"牺牲"，而现实中谁都明白牺牲者其实是实实在在地失去生命了。

对照今天我们对于这个词汇的运用也可见一斑。对牺牲者本人来说，这是悲剧性的命运；而对人类共同体，或者哪怕一个更小范围的群体来说，牺牲却是一种有价值的行为。

将"悲剧性"与"有价值"合为统一体的是"自我牺牲"。除了圣徒殉道者或佛陀，这种自我牺牲的传统其实自原始时代一直延续至今。

希腊神话故事中有雅典城的英雄忒修斯，他自愿成为进贡给米诺斯国王的牺牲品，最终战胜克里特岛的牛头怪，活着回到雅典。忒修斯的自我牺牲，是雅典取代米诺斯的海上霸权的隐喻，而忒修斯的父亲在他凯旋前夕投海自尽则依然透露出这个关于牺牲的故事的黑暗面或者说悲剧性。

在古希腊悲剧中，阿伽门农以亲生女儿伊菲革涅亚为牺牲向阿尔忒弥斯献祭，祈求船队能顺利航行。阿尔忒弥斯以一头鹿替换了祭品，偷偷保全了伊菲革涅亚的性命，但也仅仅拖延了故事悲剧性的发生，阿伽门农的妻子因这件事对丈夫不满最终与情夫合谋杀死了他。

哪吒的故事则是我们大家更为熟悉的，传说故事中哪吒自杀向龙王赔罪的段落也可以视为是一种自我牺牲。如果这则传说故事发生在真实世界里，我们可以想象这是面对威胁陈塘关百姓生存的自然灾害时，父母官李靖以亲生儿子向龙王献祭的仪式（图6）。

自我牺牲的悲剧性，往往会被再生的奇迹所掩盖，我们甚至能在流行的电影中看到很多这种痕迹。在《复仇者联盟》里，钢铁侠抱着核弹飞出虫洞，其余队员戚戚然，一个关于"自我牺牲"并拯救地球的仪式化过程至此已经很完整了，最后钢铁侠在虫洞关闭之前又落回地球还活过来了，及时地在影片结束前抹消其悲剧性，不仅保证其商业性，也巧妙地完成了再生的过程（图7）。然而，不可忽视的是，作为一种仪式的牺牲—再生过程，依然发生在观影者的体验中。与此极其类似的还有《超能陆战队》。此外还有科幻电影《星际穿越》，难能可贵地保持着高度的科学性与合理性，一直到男主角预备进入黑洞，以自我牺牲来换取反作用力把承载人类延续的希望甩出黑洞的引力。当完成这一充满仪式性的自我牺牲之后，怪力乱神开始了，男主角在黑洞里没被挤碎，反而进入到五维空间，还能通过引力与自己在地球上的女儿交流。

图 6　动画片《哪吒》中的牺牲与重生　　　　　　　　图 7　超级英雄电影中随处可见的牺牲与重生的情节

　　牺牲总是悲壮的。以牺牲作为献祭的仪式，正是因为有一种足以从感官到心灵都令人震撼的力量，才能历经时间的洗礼深深镌刻在人的思想意识深处。然而，无论是怎样的牺牲品，在献祭仪式中总是被寄托着再生的期待，这就好像植物枯荣往往以一年为循环。佛陀在本生故事中也一再转世，耶稣的故事中也有其死而复生的关键情节。

　　无论是贞女艾格尼斯还是佛陀前世的鹿王，其本质都是人奉献给被视为神圣的自然力量的牺牲，其故事都无外乎献祭仪式的委婉表达。只不过，当成熟的宗教诞生，吸纳并转化了这种献祭仪式之后，原始的献祭获得了更加统一规范的表述。

　　在这其中，再生的过程被表达得更有技巧。殉道的圣徒往往并不会复活，与每一个人没什么两样，再生这一过程被表现为升天陪伴基督左右。与此同时，原始的献祭仪式，也被逐渐转化成更象征化的仪式。

　　而充满宗教象征的作品，在被创作出来的时候，往往以其造型和图像取代了本会发生的血腥仪式。

　　或许在今天的人们看来，圣艾格尼斯杯与敦煌壁画都各有其"美"。然而，今天我们正是常常用"美"来取得思想史中无数被遗忘的晦涩的成分。这种今天眼光的"美"，在中世纪或许是一种兼具财富炫耀与虔诚信仰的表达，在佛教传播的过程中或许是简化高深哲理以亲和的故事打动信徒的策略。

　　回到敦煌壁画创作的年代与圣艾格尼斯杯制作的时代分别去看这两件作品，应当看到它们并不是关于宗教哲思的深刻表达。也正因此，其中充满了更多能供道德解释的成分，同样，也包含了更多关于原始行为或者说原始仪式的痕迹。

　　我们可以想象一下，中世纪这些并非完全虔诚的君主，出于地理征服与信仰征服的双极之下，他们十分需要对其信仰的一再肯定与表现。此外，这件宗教遗物与很多中世纪艺

术品一样同时也是一件黄金制成
的镶嵌宝石的财宝，既能符合社
会身份，又能有一种可供私密阅
读的特征。

考察圣艾格尼斯杯的流传情
况，目前能发现的最早的记载是
一份 1391 年关于进贡给法国国
王查理六世贡品的记录，随后似
乎在英法百年战争中被兰开斯特
公爵约翰（英格兰国王亨利五世
的弟弟）获得，从此成为英格兰
王室的财宝。众所周知，都铎王
朝弥合了英格兰玫瑰战争中两大
家族间的仇隙，因此在都铎王朝
亨利八世时，圣艾格尼斯杯又增
加了红白相间的玫瑰装饰，彰显
了两大家族的融合，也更增加了
其作为财宝的价值。至詹姆士一

图 8　童贞女王伊丽莎白一世

世与西班牙缔结和平协议时，它又作为礼物流入西班牙，至 19 世纪后半期（1892 年）为
大英博物馆购入。

值得注意的是，在英国女王伊丽莎白一世在位时，这件财宝也多次出现在官方的档案
记录中，然而没有任何迹象表明这件描绘着贞女事迹的艺术品对这位献身于"上帝与英格
兰"的童贞女王具有多大的启迪与鼓励（图 8）。

对于敦煌艺术被重新发现的历史，我们是更为熟悉的。将圣艾格尼斯杯与敦煌壁画中
的鹿王本生故事对照，一则为欧洲王公贵族的私有财产密不示人直至 19 世纪进入博物馆，
一则长眠于鸣沙山边至 20 世纪初才被人重新发现，而更要延迟至 20 世纪 80 年代通过一
部杰出的动画片才震惊海内外。

相比于佛陀的几番轮回与牺牲，多元一体的中华文明也经历了几番轮回与牺牲，这一
次，鹿王本生故事经历了重生进入的是道德领域，在改革开放的最初几年，《九色鹿》与
上海美术电影制片厂精工细作的多部富有本土美术风格的作品一起，担负起了讲述道德故
事与宣扬传统文化的功能。

与此同时，无论是圣艾格尼斯杯还是敦煌壁画中的佛教故事，都似乎要慢慢褪去宗教
的外壳。

按照时下流行的说法，圣艾格尼斯杯算得上是大英博物馆收藏的中世纪文物中的"镇馆之宝"，而被人称为"九色鹿"的鹿王本生故事所绘的敦煌莫高窟 257 窟也成为游客最耳熟能详而急不可耐要亲眼见证的地点。

　　当圣艾格尼斯杯与壁画鹿王本生进入共有领域，进入一个名为博物馆的场所，观看者仍旧不应该忘记，这只不过是从一座祭坛转移到另一座祭坛，这座祭坛的名字叫缪斯，她的福祉基于科学理性。

　　你我身处其中，享受流连于公共财富带来的满足感时，我们思想意识深处保留着的古老记忆依然有可能驱动我们为了它而作出牺牲。

壁画·空间·人神之界

吕维敏

　　没有画框和尺幅的隔阂，无论是采取以假乱真的手段或是追求奇崛突兀的风格，壁画总是通过与实体建筑的对话形成新的视觉空间。有时是真实场景的延伸，有时是全新景观的营造，有时则通过时空的错落而迫使观者进入思考的场域。正是由于壁画与所处空间之间的这种微妙关系，使它拥有了独特的艺术魅力，以及跨越时空与文化的生命力，既可以将开阔的雅典式长廊和野外的明媚春光引入少窗的古罗马居室，也可以将粗砺幽闭的石窟暗室变成天花乱坠的极乐净土。

　　从这个角度来看，我们固然可以将壁画的不同主题画面挑拣出来，讨论其布局、线条、色彩等诸多技巧，但只有将它们归还到原本所在的位置，结合建筑空间乃至功能性的摆设去观看、识读与理解，才算得上是完整的体验。

天堂在上

　　提起西斯廷壁画，大多人脑中浮现的不是《创世纪》中上帝与亚当伸向彼此的手臂，就是耶稣高坐云端进行末日审判的样子。这两幅画面太过著名，每年都吸引着数以百万计——字面意义，并非夸张——的观众排上几个小时的队伍，只为在走过这个不大的礼拜堂时，挤在人群中，抬头望一眼。然而，无论是米开朗基罗在创作时的所见，或是他构想中教皇使用礼拜堂的场景，都并非是今日"盛况"，更不存在对某个画面的聚焦。那么，在那样一个时空中的西斯廷壁画是什么样的面貌（图 1 ）？

　　作为教皇的私人礼拜场所，西斯廷礼拜堂建成于 15 世纪 80 年代，因其兴建者教皇西克斯图斯四世（Sixtus IV）而得名。若说教皇没有雄心，恐怕谁也不信。礼拜堂呈长方形，

图 1　西斯廷礼拜堂全景

有意仿效了《圣经》中所罗门第一神殿长宽 3:1 的比例，似乎是对应《圣经》中那位智慧
与强大的所罗门王的宣告，"我已经建造殿宇作你（耶和华）的居所，为你永远的住处"
（《圣经·列王记上》）。他还召集了当时极富盛名的佛罗伦萨艺术大师们来为他装潢这
座圣堂，佩鲁其诺（Pietro Perugino）、波提切利（Sandro Botticelli）、吉尔兰达约（Domenico
Ghirlandaio）、罗塞利（Cosimo Rosselli）、米诺·达·菲耶索莱（Mino da Fiesole）都在
其列。西斯廷礼拜堂初成，门饰与柱饰无不是精雕细刻的大理石，满堂的壁画呈现出佛罗
伦萨画派典型的华丽明艳，反复出现的橡果装饰则喻指着教皇出自德拉·罗韦雷家族（della
Rovere Family）。当时的天顶壁画是一片群星闪耀的夜空；侧壁绘画则分为三段，从上到
下依次为与高窗平齐的历代教宗肖像、南北相望的"摩西故事"（南侧）与"耶稣故事"（北
侧）、金银两色交替呈现的精致帷幕；正面祭坛画是在门徒们拥立中的圣母玛利亚，高度
大约与帷幕相当。祭坛画与帷幕的组合不禁让人想起了拉斐尔为皮亚琴察的西斯廷教堂所
创作的不朽名作《西斯廷圣母》——当厚重的帷幕拉开，圣母怀抱圣子踏云而来（图 2）。
帷幕是阻隔，却也意指着帷幕背后另一个世界的存在。而高于帷幕的，不受阻隔的是摩西、
是耶稣，他们负有上帝的旨意在世间拯救犹太人乃至所有信上帝的世人。而历代教宗，自
圣彼得而延续千年的教宗们，在星空笼罩下，与拥抱天国之光的高窗平齐。当天气晴朗，
阳光照进礼拜堂来，抬眼望，一片灿烂炫目中甚至看不清他们的面目。如此崇高！仿佛已
经升入了天堂！

图 2　西斯廷圣母
德累斯顿国家美术馆藏

图 3　著名的《摩西像》就是米开朗基罗为儒
略二世所作陵墓雕塑的一部分

可惜不久后天顶就由于开裂而不得不重加修缮。于是，在 1508 年，米开朗基罗受到教皇儒略二世（Julius II）的召唤，放下他正干得热火朝天的陵墓雕塑，开始西斯廷礼拜堂天顶壁画的绘制工作（图 3）。

这无疑是一项殊荣，但米开朗基罗并不乐意接受，他强烈怀疑自己是被陷害了。这位文艺复兴时期的艺术大师在人生的绝大多数时间内都认为自己是一名雕塑家，绘画不是他的行当，壁画自然更不是，向教皇推举自己的人一定是想看着他在不擅长的领域里出丑！缘起究竟如何，我们已不得而知，然而我们知道，由于教皇的坚持，米开朗基罗还是接下了这份工作，于是才有了《创世纪》的旷世名作，实乃世界艺术史上的万幸。

米开朗基罗的抱怨并非没有道理。绘制壁画不是简单地将图像从纸面搬到墙壁上。无论是砖石土木，普通的建筑墙面都无法达到绘画所需的光洁白晰，并且难以着色。到了文艺复兴时期，欧洲已经形成了一套成熟的"湿壁画"工艺，复杂而严格的工艺要求使壁画绘制成为一门"技术活"。首先要在原有的墙面上覆盖一定厚度的石灰、泥沙的拌和物作为第一层地仗，在半干的地仗层上勾勒简单的轮廓线后，还要再敷一层更细洁的细灰泥，才能用清水或石灰水调和矿物颜料进行绘画。整个绘画过程必须在细灰泥层半湿的状态下完成，这样颜料颗粒才能够自然渗入地仗层，使绘画与墙面紧密地融为一体，而且石灰水与空气中的二氧化碳反应生成碳酸钙还能为壁画罩上一层透明的保护膜。然而，这就要求

图 4　西斯廷天顶画

画师的作画迅捷并准确，一旦细灰泥层干透，颜料无法附着，就只能铲掉重来。此外，颜料所呈现的色彩与基调也会随着壁面的逐渐干燥而发生明显变化。这里的干燥，指的不只是表面的细灰泥层，也包括底下的地仗层，彻底干透可能需要半年乃至更长的时间才能完成，材料的纯净度、制作工艺上的疏忽或是干燥期间的环境影响都可能毁掉最后的壁画成品。所见并非所得，画师必须对这样的变化有清晰的预判并对相关环节严格把控。

　　年轻而缺乏经验的米开朗基罗，就因为他的不专业而吃了不少亏。在他一年后写给父亲的信中，他抱怨自己的工作毫无进展，完全就是在浪费时间。而好友康狄维在《米开朗基罗的一生》中则更具体地提到了一件事："他刚画完《大洪水》这幅画，画面便开始发霉，这样画里边的东西就很难辨认出来。"米开朗基罗自己都认为那糟糕得"让人不敢相信"！后来经过调查，才发现是制作地仗层的材料配比出现了问题，石灰掺水过多，大量水分渗出而毁坏了画面。

　　好在历经了许多波折，西斯廷天顶壁画的重绘工程终究还是完成了，并且最终的成品深刻地体现出米开朗基罗作为雕塑家对空间与形体独特而精到的处理（图 4）。他大胆地将平缓而完整的天顶部分切割成多个层次，并利用石膏框架与人体塑像强化这种空间层次，制造出两侧墙面仍然在不断"向上延伸"的视错觉，将天顶正中"托举"到最高处——那里是九幅一组的《创世纪》。然后在《创世纪》两侧画十二幅先知与巫女的坐像，四角则是四幅"希伯来人的神迹"。这些区域在原本的壁画空间布局中都属于天顶部分，却由于这种分割与构图而"下降"到了拱壁的位置，隔着另一组耶稣祖先的故事图画，与原有的历代教宗立像呼应。米开朗基罗只是重新处理了天顶，却重构了整个空间的图像体系。只有位于石膏柱头以上的《创世纪》才算得上是真正的天顶。那里讲述的是上帝的故事——上帝创造世界；上帝创造了亚当夏娃，他们却犯下了原罪；上帝对虔诚的诺亚的回应与大洪水中的恩典。以下，虽然仍然传递着上帝的意志，却是关于人的故事。教宗们由此成为了以耶和华创世纪为开端的庞大历史叙事中的一部分，在他们之前甚至还有先知与巫女们，同样传达着上帝的智慧与教谕。

而礼拜堂的祭坛画《最后的审判》则完成在大约三十年后。这一次，召唤米开朗基罗的是继任教皇克莱芒七世（Clement VII）。不清楚是什么样的原因促使教皇决定重绘祭坛画，但恐怕也是不得已而为之，因为这次修改不但去除了原本的祭坛画，还覆盖了"摩西故事"与"耶稣

图 5　最后的审判

故事"的头两幅画面以及四位早期教宗的画像，其中甚至包括了圣彼得。

祭坛画的重要性不言而喻，如何令它宏大而庄严、鲜明突出的同时又能与原有的壁画图像和谐并存？这一次，米开朗基罗舍弃了原有的横向分割，将整面墙合为一个空间，使画面冲破了帷幕的界限，直达天顶。于是，故事又被重新叙述。"当人子在他荣耀里，同着众天使降临的时候，要坐在他荣耀的宝座上。万民都要聚集在他面前。他要把他们分别出来，好像牧羊的分别绵羊山羊一般；把绵羊安置在右边，山羊在左边"（《圣经·马太福音》）。耶稣以审判者的姿态庄严地坐于画面上端的三分之一处，他的身边是圣母、圣徒与已经升上天国的善者，被抹掉的早期教宗们就簇拥在耶稣身边；以下则是正在经受审判的凡人的灵魂，有的升往天国，有的坠入地狱（图 5 ）。

有趣的是，如果单看《最后的审判》一幅画，找不到天国与凡尘之间的明确分界，画面是一体的。但结合侧壁来观察时会发现，两边圣徒们脚踩的云朵是平齐的，"恰"与侧壁的窗户下沿大致在一条线上，圣家族、先知、巫女、教宗们都在这条线以上，仿佛有一层无形的屏障横亘在礼拜堂的半空，天国只在其上。

罗素在《西方哲学史》中回顾文艺复兴时期时曾说："对于他们大家来说（无论他们是基督教徒也好，还是异教徒也好），实际的世界似乎是毫无希望的，惟有另一个世界似乎才是值得献身的。对于基督教徒来说，这'另一世界'便是死后享有的天国，对于柏拉图主义者来说，它就是永恒的理念世界，是与虚幻的现象世界相对立的真实世界。"米开朗基罗，毫无疑问是位虔诚的基督徒，并且相当可能是一位新柏拉图主义者。我们很难说

他是否特意为之，但确实，米开朗基罗改绘后的西斯廷壁画，将礼拜堂的内部空间微妙而清晰地划分成人与神两个世界。

神明在此

壁画同样是中国佛道寺观中的重要装饰手段。除了营造梵天净土或洞天福地的环境以外，佛教的法会图和道教的朝元图也是各自常见的壁画内容。这些图像大多遵循典籍，面相、衣饰、姿态都有一套严格的规矩，甚至不需要任何故事性的描绘，纯粹的人物形象就足以帮助信众辨认各自的身份和行为。在这样的场景下，对画师个人创作的需求被压缩，观众预期看到的是遵循某种仪范或模板的作品。简易上手，操作快捷，强调技巧性而非创造性的"粉本"技法由此诞生。

"粉本"主要使用在起稿阶段。简单来说，就是将事先完成的画稿轮廓，通过针漏或拓印的方法，从纸面转移到墙面上。由于转移过程通常使用的是粉或粉状颜料，因此称为"粉本"（图6）。其实，西方的壁画创作中同样需要使用这种方法来转移画稿。在大部分的情况下，画家需要给顾客或庇护人看定他的样稿，才会真正在墙面上开始绘制。但在中国，"粉本"还有一个名字叫"画谱"。就和明清时期的各类画谱一样，在中国的壁画创作中，"粉本"往往起着模板的作用，依样摹写，不但提高了工作效率，而且可以反复利用，乃至世代沿袭。绘画史上所谓的"曹家样"、"吴家样"，最初所指可能就是出自曹仲达、吴道子的粉本。

不过，有了粉本不代表中国的寺观壁画就是千篇一律的，反复利用也并非就是全盘照搬。杨泓在对敦煌壁画的研究中就发现，粉本在实际应用中存在着灵活的组合和变化："除有将全壁整铺经变汇于一卷的大型粉本外，常是利用化整为零的办法，把它分为若干局部构图，以便于携带使用，对于图中主要人物，又多备有具体的细部写照。这两类粉本相互补充。画工先据前一类粉本安排构图，然后依照后一类粉本细致地去勾勒图像中的具体形象。"画师的自我表达由此通过对图像语汇的组合得到体现。

而如果画面内容跳脱于典籍文本之外，那么给予画师的创作空间就更大了。山西省洪洞县水神庙明应王殿的壁画也许可以被视作此类壁画的一个典型示例。

这是一座紧挨着晋南名刹广胜寺的风俗神庙，主祀当地的霍泉水神明应王。主殿为重檐歇山顶建筑，整体面宽进深各五间，去掉四周围廊，殿内并不大，但除南壁正中为门户外，其余均为整面墙壁，留出了大量的壁画空间（图7）。从壁画上的题款可知，现存的大殿建于元代，其中的壁画完成于泰定元年（1324年），由邻近各村布施延请画师而作，霍泉水分南北两渠，南渠所及村庄延请的画师画西半部分，北渠所及村庄延请的画师完成东半部分。

20世纪80年代，柴泽俊先生等山西省的古建专家曾对广胜寺水神庙大殿内的壁画进

图 6　北宋　武宗元　朝元仙仗图

行了仔细的调查，写成《广胜寺水神庙壁画初探》一文发表在《文物》杂志上。文中将殿内近二百平方米的壁画分为了十三个主题画面，并对之一一定名。其中位于南壁东侧的《“大行散乐忠都秀在此作场”图》最为著名，是目前所见保存最完整、面幅最大的元代戏曲图像之一，提供了许多元代戏曲演出的信息资料（图8）。其他还有描绘了宋元时代“高尔夫”的《打球图》、充满生活气息的《渔民售鱼图》等，也引发了广泛的关注。然而，总的来看，直至今日，这十三幅壁画具体描绘的主题与其内涵意指仍晦暗不明。这一方面是由于我们对于明应王这一风俗神所知甚少，另一方面则是因为画师不受宗教仪范限制，对粉本的应用更为灵活，甚至某些画面可能根本脱离了粉本，令后人无迹可寻。

　　在这十三幅画面中，最核心的无疑是西壁的《祈雨图》与东壁的《龙王行雨图》（图9～图10）。虽然由不同的画师完成，在用色和细节上各有偏好，但两幅画面无论在整体布局还是人物衣饰、姿态上都极为相似，明应王端坐中央高处，宛如人间的帝王，而文武官吏、玉女鬼卒则恭立两侧，整个画面为梯形构图。类似的仙府图画并不罕见，这毫无疑问地出自约定俗成的粉本。我们还能发现，这个粉本在主尊的前方，也就是画面的正下方，预留有一个空间，可能是应对不同的需求。西壁的《祈雨图》中，这一空间是一位跪祷祈雨的青袍官吏；对应的东壁位置不需要人物，就出现了一组珍宝仙禽。而在明应王的上方，

图7 水神庙主殿内景

东壁的画面中正是行龙布雨、雷公电母各显其能的场景；西壁的画面中就有群峦叠翠，一佛二菩萨驾祥云而至。

此外，位于北壁的《后宫尚食图》、《后宫司宝图》以及东壁的《庭园梳妆图》，风格与人物形态也极为相似（图11）。在山西汾阳圣母庙的明代壁画、霍州圣母庙清代壁画及河曲县岱岳圣母殿的清代壁画中，都能见到类似风格与人物形象的仕女图像。我们可以想象，这可能是出自一幅或一组仕女图像粉本的组合与变化，并且在山西一带被广泛地运用于庙宇之中。

然而，我们还在殿中见到了一些找不到粉本依据的图像，如打球、下棋，乃至卖鱼，画面充满了生活气息，却不知为何会出现在一座神殿之中。包括一些似有所指的历史故事，如柴泽俊定名为《唐太宗千里行径图》、《霍泉玉渊亭图》、《勅建兴唐寺图》等部分，都缺乏充分的图像证据来予以确定。

这是一座充满疑问的神殿，而更大的疑问可能还在于：这么多布局参差错落的画面，究竟要完成一个什么样的故事？

密歇根大学的景安宁教授在《广胜寺水神庙：艺术、仪式和戏剧的宇宙论功能》一书中认为全殿的壁画围绕"求雨"这一主题，存在仙凡两个世界，故事从西南壁的凡俗世界

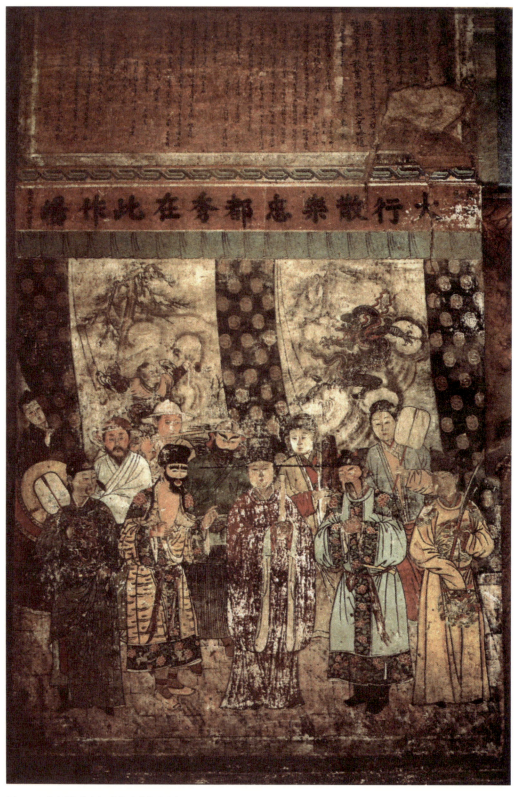

图 8 "大行散乐忠都秀在此作场" 图

图9 祈雨图

图10 龙王行雨图

图 11　庭园梳妆图

开始，求雨的官员步祷"进入"西壁明应王的神仙世界，通过北壁明应王的后宫以喻阴阳和谐、天地平衡，至东壁完成行云布雨的过程，最终回到东南壁的凡俗世界以酬神戏剧收尾。

可是，依据传统绘画的范式，如果是这样情节连贯的叙事，画面中通常应该有一个反复出现的人物作为承接。更重要的是，在画面中，我们并寻不到凡俗与仙府的边界。如果说北壁是明应王的仙府，南壁是洪洞县的实景与酬神的戏曲表演，那么东、西壁除去《祈雨图》与《龙王行雨图》的部分在表达什么？这两片墙面所处的空间究竟是仙界还是凡间？甚至在《祈雨图》中出现的青袍小吏与明应王是否在同一空间？这些问题恐怕都是无解，画师们处处都在刻意消解着这种边界。青袍小吏的存在模糊了《祈雨图》的空间界限；而飘摇的衣饰、旌旗同样模糊了《龙王行雨图》的仙凡之隔；东西两壁错落交叠的图像，乃至两座建筑的出现，仿佛是一次时空的折叠，不可能同时看见的场景，不可能同时发生的事件，都汇聚在一起。这似乎是中国绘画散点式聚焦带来的困扰？但又绝非如此。想想传统文学中源远流长的神仙志怪故事，误入的桃花源，一局棋就烂掉的斧头……对于中国人来说，仙界、凡间虽是两界，却从来又是浑然一体。

现在更多的学者认为，殿内的壁画表现的是一场水神庙在元代举办的迎神赛会。这种祭祀仪式在当地至今仍见得到。在盛大的仪仗锣鼓中，神像被抬出巡行，当地人或扮演或邀请戏班扮演百戏杂技，有时还会有盛大的集会同时举行。描绘一场凡俗的集会，落到墙上却成了神仙世界与历史典故，这岂不是又成了仙凡两界的另一次交迭？

壁画再造了空间。这一再造不仅是对视觉感受的突破，更是心灵与认知的投射。在西斯廷礼拜堂里，米开朗基罗通过壁画的绘制，将空间不断向上延伸，高耸而不可触及的地方成为了另一个世界。而在广胜寺水神庙大殿中，紧密的画面填满了不大的空间造成一种迫近感，而无可捉摸的仙凡分野消解了真实与虚幻的界限。

广胜寺中三面都有跪祷用的软垫。当面朝西壁，跪在《祈雨图》前，抬头上望明应王尊像，会发现正在念祷词的青袍小吏似乎就位于正前方。画中的祷者，画外的祷者，相隔数百年，虽各有所想，但大抵对明应王的信赖依求之心是一致的。

比较文明的目的、伦理和方法

陈曾路

　　比较文明是个新课题，之所以新是因为我们刚开始习惯以世界为关心对象。能力越强，责任就越大。自扫门前雪的时代，自顾不暇，没能力关心别人的文明发展谱系。现在，但凡有点前瞻意识的都知道要国际化，要有世界眼光。为什么要有世界眼光？老百姓是出国旅游的时候能多点选择，商人是经济利益，学者是学术格局。本质而言，是本位主义的失败，是传统方法和固有经验的枯竭，总之是困而知之。

　　比较文明研究是以文明为对象，从微观的物质文化到宏观的文明发展模式，以比较为原点，观察、研究、阐释、辨析、实践的全过程。比较文明的目的很清晰，就是理解文明。个体研究固然有其合理性，然而局限于个体，无视整体的结果一定是盲人摸象。比较研究看似是个体与个体的比较，实则是整体概念下的个体与个体的比较，或个体与整体关系的钩沉。所谓理解就是微观到宏观，就是个体到全局。比较本身就是一种方法，方法论背后其实潜藏的是思维方式，从中国的视角来看世界以及从世界的维度理解中国，是出和入，是间离和沉浸的关系，是辩证发展的关系，是螺旋上升的关系。

　　以中国文明的起源问题为例，中华文明的源流问题必须从世界的角度来理解，那是因为：时空坐标系从来都是世界的，唯中国的时空系会让我们陷于巨大的无法解释的矛盾之中；文明的变量关系从来就是世界的；实用和实践角度的考量决定了必须以世界为维度；世界维度的思考并不损害中国的特殊性，并不损害文化的认同和自信。我们对于文明起源的标准的设定其实完全是文明比较的结果，文字、城市、特定材质的工具或器具（有段时间特指青铜，其实也未必是青铜）都是其他文明起源的一些特征性的标志。"满天星斗"其实也是放之四海而皆准的模式，文明的发生、发展从来不都是一元的。视角的改变往往带来结论的变化，原来研究力量有限，材料有限，语言能力有限，思维方式局限，现在极大拓展，所以会有"周边看中国"，更完整，更接近真实。比较文明的学术前提是人类本身的生理属性超越时间和空间的约束而具有一贯性和统一性。以实践来检验的确还是站得住的，"普世价值"不可取，但真、善、美之类的概念的确是有共识的，由此而有对"进步、发展"的追求，比较的意义正在于此，我们大约必须要承认多元，但隐现着的浩浩荡荡的大势很难否认，更无法阻挡。

比较文明研究是有伦理的。并非为比较而比较，并非简单的排比相同点、挑出不同点。有些比较不但无益而且有害，伦理就是约束和底线。"关公战秦琼"是风马牛不相及，故而没什么可比的，然而"哈德良"和"汉武帝"、"汤显祖"和"莎士比亚"呢？绝大多数情况下，伦理是微妙而难以把握的，而这恰恰决定了比较的有效和有意义与否。比人生轨迹，这两组都没什么好比的，但如果是构建权威、帝国霸业，塑造文学人物的方式方法和想象的维度，这比较不但有益而且必需，伟大的成功和伟大的失败其实都很相似，和《比较列传》一样，其实是由此及彼，补充空白。未必准确，但绝对能帮助理解。理解文明比较的伦理就是掌握约束，是否能构成比较的平台，是否会沦为"伪比较"，缘起和目的的正当性固然是前提，目标和结果更重要，有些比较之所以无意义，并非学术前提出问题，而是回答不了"然后呢？"这个问题。

比较文明是有方法的。在学科层面上，涉及人文和社会科学的许多分支。文明离不开人，人是基础，所以研究人和社会的学科比如历史、哲学、经济、政治、社会多有涉及。物作为文明的见证，也很重要，所以艺术史、考古学、博物馆学也有关系。私下觉得，其实物比人重要。考古都是实实在在的，罐就是罐，盆就是盆，当年瑞典人安特生在西北头次见到彩陶就一眼看出它和世界各地彩陶文化之间的联系，后来我们批判"中国文明西来说"，把世界维度下的中国彩陶变成了中国自己的彩陶。伊朗高原和两河流域的彩陶文明和中国之间的关系是值得研究的课题。公元前五六千年前还没有中国，彩陶西来与否和中国的正当性其实毫无关系。

具体而言，文明比较有宏观和微观两个层面。宏观层面大家比较熟悉，比如制度，比如信仰。

政治制度、经济制度、军事制度，因为有文献的基础，所以很容易比较。但是也有先天缺陷，一是文献资料有太多不可信的成分，历史的许多记载从叙述的角度讲就是小说了，感觉就是史家操作了无人飞机忽而高空俯瞰全局，忽而聚焦跟拍历史进程里的主角配角，外人不可能知道的细节变成了其后研究的基础。比如司马迁不可能了然鸿门宴上发生的那些细节，想象而已。顾颉刚说"层累"其实还是客气了，历史的"真实"一定是存在的，然而人作为历史的创造者既难以看清，也未必想真看清过，所有才有"历史阐释"之说。希罗多德和太史公有很多相似处，行走、观察、思考，并且究其终极意义，这才是他们的伟大之处，至于那些细节的真实性反而不是很重要了。二是我觉得沉溺制度研究本身也很要命，我们这个时代的老百姓恐怕也分不清"政治局常委"、"政治局委员"，回到过去，那就更难厘清了，再想来，这些其实大概未必属于文明的范畴。制度的本质是权力的实现，在个体力量不平衡的时代，依靠制度我们构建群体组织，是保障生存和发展的权利，另外也是征服和扩张的基础，文明同时是这个逻辑下的因和果。"制度建设"如今是热词，但制度、法律、道德一样都是制度、法律和道德的制定者对受制度、法律和道德约束的人实践优势的工具，寻租是极难避免的问题，所有才有把权力关进笼子里的提法，制度更像是文明的副产品。如今的民主制度在柏拉图和亚里士多德那里也未必多么理想，同理，当年的"君臣父子"也未必全然"反动"。制度和权力的关系其实是无解的，现在大家更关心的是技术，一个移动互联网技术，就把制度做不到的事情全做完了，技术其实是微观层面的事，等下再说。

信仰比制度更重要些，持续性更强。文明的核心价值是信仰，制度最多只是保障。从大概念而言，比如爱，比如美，超越一切。宗教当然也是，建筑、思想、生活方式与之密不可分。耶路撒冷的中心有个规模巨大的巴扎，犹太人、基督徒、穆斯林在巴扎里各占一区，从售卖的物品、商铺的形态到每个参观者的直观的体验上就有很大的不同，对于逛巴扎的外来者也是很有意思的经历。文明的冲突往往最后是信仰的冲突，希腊和波斯的冲突是公民自由与王权意志的冲突，当然还有现在大家所熟悉的意识形态的冲突，这些都是宏观层面的。

还有一种宏观层面的分析与地域有关。比如"环地中海"，从希腊本土到小亚细亚和亚平宁半岛均有希腊化的城邦，古希腊也并非只在希腊一地存在。在黎凡特的海滨城市，与北非以及欧洲的贸易从公元前 2000 年开始就大量存在，沉船、城市、陶器、壁画，整个环地中海区域呈现出一种相互关联影响的状态，区域文明其实是个体特性的前提性存在，即使文化制度、生活方式、信仰上有诸多不同，但几千年来在发展速度和节奏上呈现出很强的同步性，即便冲突也能成为匹配的对手。区域文明与山川河流、雨水环境这些地理、气象问题关系密切，地中海无法封闭，故而必然一体。东亚、中亚、南亚次大陆、中南美洲、欧洲大陆都有这样的特征。宏观比较其实也有很好的案例，偏学术的比如"东方学"，偏构建模型和意识形态的比如"斯宾格勒"、"汤因比"。宏观的意义在于体系，坐标轴、参照系这些是基础，但是宏观的文明比较由于尺度的难以控制而变得难以捉摸，文明原本就是大词，从宏观的角度讲往往会陷于相对主义甚至不可知论，所以还需要微观。

微观的文明比较之前讲得少，我觉得主要在这两个范畴：一是从具体的物的形态、结构、功能到人的生活方式、生产方式和思维方式；二是反过来，从核心价值观念出发到具体的物。

前者其实是受时间和空间约束的，不然没有了比较的基础。比如苏丹和埃及的金字塔，好莱坞要拍个关于苏丹古文明的影片，埃及人就很紧张，金字塔两个地方都有，过去努比亚也属于古埃及的范畴，现在和旅游业挂钩，时间和空间上两者是同步的，这种比较其实是解析当下政治和文化关系的基础，是有现实意义的。又比如现在陈列于大英博物馆 61

号展厅，19 世纪 20 年代发现于底比斯尼罗河边上的书记官内巴蒙墓葬的壁画，和现藏于希腊克里特岛的伊拉克里翁博物馆的、考古学家埃文斯在克里特岛上的克诺索斯宫殿里发现的壁画，同属于公元前 14 世纪左右最伟大的视觉艺术，解读古埃及与近东的壁画之间的联系，对于理解当时的文化交流就很有意义。

后者应该突破时空限制，我觉得后者很重要，其实是文明比较的真正目的所在。因为前者是已然存在的同与不同，找出异同作出解释，能改变的很有限。后者则有启发和引领的意义，特质性的问题是超越时空的，罗马人的沃伦杯与两千年后的中国电影《霸王别姬》同样在叙述关于欲望与爱的故事；12 世纪的中国卷轴画中的汴梁城与 16 世纪的尼德兰画家博斯的人间之乐描绘了两种迥然不同的"繁华"；静穆而伟大的希腊石头与北齐佛造像都是人类最伟大的气质与精神的外化，存在于所有不朽的艺术品之中；溪山行旅和安哲罗普洛斯的画面同样在构建一个诗性的空间；敦煌 257 窟的鹿王本生与圣艾格尼斯杯主题都是牺牲；广胜寺水神庙与西斯廷的穹顶同样表现的是神的谱系……比较文明其实和比较文学有相似处，在德奥传统有奥尔巴赫的《模仿论》，在中国是钱锺书的《管锥篇》，其实是一个意思，功力不同而已。

我觉得，接下去几十年最具重要性的几个比较文明研究的热点可能是：中亚，重点在解析东亚、伊朗高原和南亚次大陆之间的文化与文明的交流和冲突；高加索地区，重点是亚欧大陆之间的互动和人类文明起源的探索；两河流域和环地中海区域，聚焦的是东西方文明的发展模式；当然还有古代文明传承和创新的问题，这是几个文明古国都面临的现实问题。文明的比较，核心在于通过对文明碰撞与包容过程的剖析，解释文明演进之道路。对比现象，发现基因，解释内在因素与发生的机理。掌握方法，构建参照体系，最后当然是达成文化之认同与自信。有个从我小时候火到现在的策略游戏，名字就叫"文明"，选哪个来玩都不会影响可玩度，结果如何只和操作有关。真实的文明也是，现在讲多元，不是否认进步与落后，而是相信比之于可以弥合的差距而言，基因更重要，我们需要一个色调丰富的文明体系。

图书在版编目（CIP）数据

文明对比手册 / 上海博物馆编 . — 上海：上海古
籍出版社，2017.7
ISBN 978-7-5325-8481-9

Ⅰ . ①文… Ⅱ . ①上… Ⅲ . ①文物 — 考古 — 对比研究
— 中国、英国 Ⅳ . ①K870.4 ②K885.61

中国版本图书馆 CIP 数据核字（2017）第 134098 号

著作责任者：上海博物馆　编
主　　　编：杨志刚
策　　　划：陈曾路
特 约 编 辑：杨烨旻　顾婧
装 帧 设 计：曹文涛

文明对比手册

上海博物馆　编

上海世纪出版股份有限公司 出版

上 海 古 籍 出 版 社

（上海瑞金二路 272 号　邮政编码 200020）

（1）网址：www.guji.com.cn
（2）E-mail：guji1@guji.com.cn
（3）易文网网址：www.ewen.co

上海世纪出版股份有限公司发行中心发行经销
上海丽佳制版印刷有限公司印刷
开本 787×1092　1/16　印张 12.5　字数 250,000
2017 年 7 月第 1 版　2017 年 7 月第 1 次印刷
印数：1–4,300
ISBN 978-7-5325-8481-9
K·2334　定价：79.00 元
如有质量问题，请与承印公司联系